Der weibliche Weg Gottes

Karin Gerland:
Der weibliche Weg Gottes

J. Kamphausen Verlag &
Distribution GmbH
info@j-kamphausen.de
Lektorat: Dr. Richard Reschika

Typografie, Satz und
Umschlag: Wilfried Klei
Umschlagfotos:
Steffi Behrmann, Bielefeld
und Janos Kertesz, München
Druck & Verarbeitung:
Westermann Druck Zwickau

www.weltinnenraum.de

1. Auflage 2004
Die Deutsche Bibliothek – CIP-Einheitsaufnahme

Ein Titelsatz für diese Publikation
ist bei der Deutschen Bibliothek erhältlich

ISBN 3-89901-021-3

Karin Gerland

Der weibliche Weg Gottes

Eine Pilgerreise zur Ganzheit

AURUM

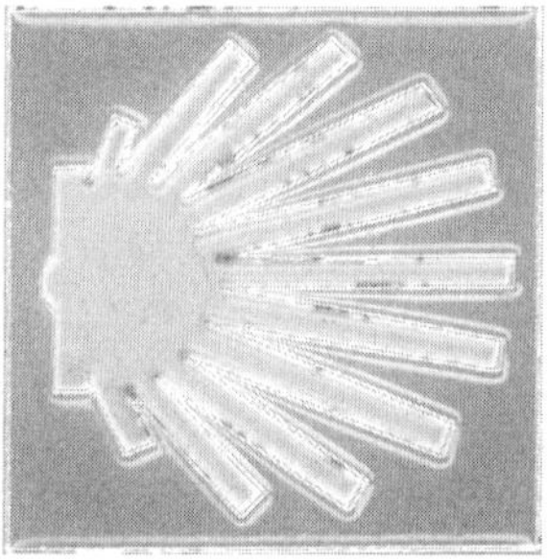

Vom Ende zum Anfang

Hinter mir liegt ein langer Abschied, ein langes Sterben-Lassen, beruflich wie privat, die Trennung von so vielem, was mir etwas bedeutet hatte, das ich geliebt hatte, nicht loslassen wollte und doch musste, wenn ich nicht starr, hart und verbittert bleiben wollte in meinem Schmerz. Das bisherige Leben hatte sich als Trugbild, als Illusion des Verstandes und des Herzens erwiesen. Jede Perspektive war zerplatzt, jeder Traum lag in unzähligen *Stückchen* am Boden, und der Klebstoff des Lebens mit Namen Hoffnung war nicht mehr verfügbar. Im Selbstbild fehlten die hellen Steine: die Kraft zu lieben, sich einzulassen, kreativ und mutig zu sein. Alles war im Tränenstrom untergegangen.

Ich war ganz unten, hatte um die falschen Dinge gekämpft, die man als Geschenk bekommt, nicht erwerben kann: Achtung, Wertschätzung, Liebe und hatte den Kampf verloren. Es gab keine Existenz mehr, keinen Beruf, kein Einkommen, kein Zuhause, kein soziales Umfeld. Alles war miteinander verwoben gewesen, alles war beendet. Was die Zukunft betraf, so war ich leer – es gab nichts, wohin ich auch schaute, wonach ich auch suchte. Alle Techniken und Methoden halfen nicht, es gab keine Visionen, die Bestand hatten. Die Bilder, wie die Zukunft hätte sein können, zogen vorbei, ließen sich nicht halten, gaben keine Kraft. Die Chancen lösten sich so schnell auf, wie sie gekommen waren.

So hatte die Vergangenheit umso mehr Platz im Inneren. Dieses Gemisch aus Schmerz, Zorn, Trauer, Verzweiflung, Wut – immer wieder, immer wieder. Wie ein Rad, das nicht zu stoppen ist. Es nahm mich gefangen, lähmte mich. Mir war, als sei ich lebendig eingemauert, als sei alles, was schön ist, außerhalb. Letztendlich hatte ich mir selbst die Freiheit gegeben – und gleichzeitig panische Angst vor der Unsicherheit, die mit Freiheit einhergeht. Und weil ich so gar nicht wusste, wie mein Leben weiter verlaufen sollte, schenkte ich mir eine Auszeit – ein ganzes Jahr, verkaufte meine Wohnung, um davon zu leben, lagerte Kartons und Möbel ein. In diesem „Sabbatical" wollte ich reisen, die Psyche gesund werden lassen und gleichzeitig für die Zukunft planen. Für das Jahr gab es viele Ideen: mit dem Motorrad durch Thailand, zur Weinernte nach Südafrika, waren nur zwei davon. Was die weitere Zukunft betraf, so war es, als würde ich durch eine schwarz angemalte Glasscheibe schauen, dahinter war Leben und Bewegung erahnbar, aber nicht greifbar.

In dieser Phase fiel mir ein Buch über den Jakobsweg in die Hände, und nach den ersten zwei Seiten war klar: Das mache ich! Begründen konnte ich es nicht. Es war etwas anderes, etwas in mir sagte, es ist gut für dich.

Die Linien des Jakobsweges durchziehen Europa in Richtung Spanien wie die Fäden eines Spinnennetzes. Sie beginnen an den Grenzen von Europa und Vorderasien und streben nach Santiago de Compostela. Je näher sie ihrem Ziel kommen, desto mehr vereinigen sich die Wege und das Netz wird stärker und belebter. Diejenigen, die ihren Weg erwandern und an der Grenze zu Spanien beginnen – das ist die Mehrzahl – starten in den Pyrenäen. Hunderte von Kilometern liegen dann zwischen ihnen und dem Ende ihrer Sehnsucht. Von den verschneiten Gipfeln der Berge, durch mehrere Weinanbaugebiete, über die heiße und karstige Meseta bis hin zum fruchtbaren, regenverhangenen Galicien. Nicht alle erreichen ihr Ziel, das habe ich später erfahren – und kommen doch an. Den Weg nennen sie Camino und sich selbst Peregrinos. Sie grüßen und verabschieden sich mit „Buen Camino“. Die Jakobsmuschel tragen sie an ihrer Kleidung, am Gepäck oder auf dem Pilgerausweis, den jeder Peregrino bei sich trägt. Das eint sie.

Santiago de Compostela ist neben Rom und Jerusalem das wichtigste Ziel von Pilgerreisen. Die Statistik zählt nur diejenigen, die in Santiago de Compostela ankommen. Im Jahr 2000 sollen mehr als 55.000 auf dem Weg gewesen sein, 1999 im Jahr des Heiligen Jakobus fast 155.000. Es sind mehr Männer als Frauen unterwegs, und die meisten gehen zu Fuß. Die offizielle Sprache auf dem Weg ist Spanisch. Es ist ein bisschen wie in der Zeit vor Babylon.

Ich war mir sicher, mich lockte nicht der Pilgerweg. Mich sprach der gut ausgeschilderte Wanderweg an, seine Länge von mehr als 800 Kilometern und die körperliche Herausforderung. Bewegung ist gut, wenn die Psyche heilen soll. Diese erste Etappe meines neuen Lebensweges konnte kein christlicher Pilgerweg sein. Ich hatte schon vor langer Zeit Abstand von den Begriffen Religion, Glauben und Kirche im christlichen Sinne genommen. Diese Tür war für immer zu, da war ich ganz sicher. Christlichen Pilgern zu begegnen, fand ich eher abschreckend.

Mit der Institution Kirche war ich fertig. Die Legende um den Heiligen Jakobus, dessen Gebeine in der Kathedrale von Santiago de Compostela liegen sollen, war mir unbekannt, interessierte mich auch nicht weiter. Kirchen hatte ich in den letzten dreißig Jahren nur zu Hochzeiten, Kindtaufen und Beerdigungen betreten. Wenn mich zu Beginn jemand gefragt hätte, an was ich glaube, hätte ich vermutlich von einer göttlichen Energie gesprochen, die wohl da sein muss, von der ich aber sonst keine weitere Vorstellung hatte. Von meiner Ahnung über vergangene Leben und von Aufgaben, die wir in diesem Leben zu erfüllen haben, hätte ich schon mehr erzählen können, ebenso vom Buddhismus, mit dem ich kurz vorher Bekanntschaft gemacht hatte. Der Name Maria wäre mir sicher gar nicht eingefallen, dafür hatte ich schon zu lange abgeschlossen mit allem, was diese Religion an Frauengestalten zu bieten hat.

Ich glaubte zu wissen, wohin meine innere Reise auf dem Camino gehen würde, welche Lebensthemen anstanden, um dieses fortwährende „Stirb und Werde“ meines Lebens zu erfüllen, das mich so müde und deprimiert gemacht hatte. Immer wieder geht etwas zu Ende im Leben, weil es sich überlebt hat, nicht mehr sein kann, weil die Zeit abgelaufen ist, weil Dinge geschehen, auf die wir keinen Einfluss haben und an denen wir doch gleichzeitig beteiligt sind. Aber das wird erst klarer, wenn wir einen Schritt aus der Situation machen, in der wir zugleich Zuschauer und Akteure sind. So, wie der Herbst dem Winter weicht, der Frühling dem Sommer, kann sich Neues nur entwickeln, wenn sich gleichzeitig Altes verändert oder geht. Etwas stirbt, damit etwas Neues werden kann.

Immer wieder dieses „Stirb und Werde", damit es im Leben weitergehen kann. Viele kleine Tode im Laufe unseres Lebens, bis hin zum Großen, Einen, aus dem auch wieder neues Leben entsteht.

Die kleinen Tode im Leben, das Sterben-Lassen auf dem Weg des Lebens, werden oft begleitet von Phasen der Angst, die sich dann ausbreiten, wenn wir nicht loslassen wollen. Das Klammern entsteht aus der Angst vor der ungewissen Zukunft und dem vermeintlichen Glauben, dass genau diese niemals so schön werden könnte, wie es die Vergangenheit vor langer, langer Zeit einmal war. Angst ist nicht wirklich real, wir haben Angst vor…, nehmen etwas vorweg, was vielleicht eintreten wird. Angst nimmt aus dem Malkasten des Lebens die Farbe Schwarz und malt damit auf Teufel komm raus die Zukunft an. Dabei übersehen wir oft, dass die Gegenwart viele helle fröhliche Farben trägt – warum nicht auch die Zukunft? Zum anderen ist uns in solchen Phasen nicht bewusst, dass unsere Fantasie ein Meister im Malen schwarzer Bilder ist – wer sagt, dass die Zukunft so wird? Wenn wir klug sind, halten wir das für Symptome einer Depression, wenn wir uns für klüger halten, nennen wir es realitätsbezogenes Denken.

Angst und Vertrauen gehen Hand in Hand. Je weniger Vertrauen wir zum Leben und zu uns selbst haben, desto größer die Angst. Also halten wir viel zu lange fest an dem, was lange schon gestorben ist: eine Beziehung, eine Freundschaft, eine Hoffnung. Werden starr und eng im Denken und Fühlen, drehen uns immer wieder im Kreis, sind tot, bevor wir sterben, weil wir das, was außen von uns ist, nicht loslassen und damit sterben lassen wollen.

Wenn Bäume Angst hätten vor der Zukunft, gäbe es dann Blüten? Wer gibt Bäumen das Vertrauen, ihre Knospen zu öffnen, die alte Form sterben zu lassen, damit etwas Neues entstehen kann?

Eine Frau, die weiß, was sie will: in Lourdes

Meine Anreise wähle ich über Köln, Straßburg und Lourdes. Warum gerade Lourdes, werde ich gefragt? Eine Sehenswürdigkeit auf dem Weg, die ich mir nicht entgehen lassen will, erkläre ich cool. Welchen Grund sollte es wohl sonst geben? Niemand kommt auf die Idee, nachzuhaken, und so beschäftige ich mich weiter mit meinen Überlegungen zu Rucksackgröße, Gewicht des Inhaltes, dem Buchen von Hotels und Reservieren von Zügen, denke erst darüber nach, als die Reise längst begonnen hat.

Als ich früh am Morgen mein Hotel verlasse, summt der Ort schon wie ein Bienenkorb. Reisebusse verstopfen die Straßen, kommen nicht voran, weil die Bürgersteige die Menschenmassen nicht aufnehmen können und die Voraneilenden immer wieder die Straße benutzen. Ich tauche ein in den Strom, lasse mich treiben, gehöre eindeutig zu den Langsamen hier. Für sie alle scheint es nur ein

Ziel zu geben: die Grotte. Auch ohne Hinweisschilder ist der Weg leicht zu finden: Einfach in den Menschenstrom einreihen. Dann sehe ich die ersten vereinzelten Rollstühle, und nach einer Weile erreiche ich das Ende einer Rollstuhlschlange. Bin ich falsch abgebogen? Wo sind diejenigen, die mich geführt und begleitet haben? Ich gehe an der Schlange vorbei. Sie windet sich, verläuft in Mäandern. Dicht an dicht stehen sie hier, kommen nur langsam voran. Ganz spezielle Rollstühle sind es, mehr kleine Wagen, damit die Beine hoch gelagert werden können und Platz für Decken ist, zum Einhüllen der Körper. Ich sehe Gesichter, die durch Lähmungen verzerrt sind, Menschen, die sich nicht aufrecht halten können, sehe Hände, die gestikulieren, höre Laute, die einer Sprache nicht ähnlich sind. Kann den Blick jetzt nicht mehr abwenden und sehe so nur für den Bruchteil einer Sekunde das Gesicht einer tief in Decken verhüllten Gestalt, erschrecke, weil ich nicht gewusst habe, dass ein Mensch so aussehen kann, will mich abgrenzen vor so viel Leid, will nicht anstarren, will auch nicht ausweichen. Also erwidere ich Blicke, wenn sie mich treffen, sehe auch das Lachen, das Blitzen der Freude in den Augen. Das Empfinden von Leid ist auf meiner Seite, diese Menschen hier haben gute Laune, ganz offensichtlich herrscht Ausflugsstimmung, Fröhlichkeit, Lachen. Wortfetzen erreichen mich, heiter, ausgelassen scherzend, nicht für mich bestimmt. Ich fühle mich wie ein Eindringling hier und bin froh, als ich wieder im Strom der Eilenden bin.

Diese bringen mich in eine unterirdische Betonhalle mit dem Charme eines Parkhauses, in der gerade eine

Andacht stattfindet. Hier auf dem Gelände gibt es jederzeit irgendwo eine Andacht, stelle ich später fest. In der Mitte der Altar, ringsherum Tausende von Menschen, eine riesige Menge von Rollstühlen. Ich bleibe abseits stehen, sehe Wimpel und Fahnen. Die anwesenden Gruppen aus verschiedenen Nationen werden genannt, und die Teilnehmer freuen sich darüber, winken, rufen etwas. Es erinnert mich an ein Volksfest, bei dem die Mitspieler vorgestellt werden, bevor die Darbietungen beginnen. Ich bin froh, dass niemand Notiz von mir nimmt, so kann ich die Rolle der skeptischen Beobachterin beibehalten, die mich gleichzeitig vor meinen eigenen Gefühlen schützt. Eine fremde Welt, zu der ich keinen Zugang finden will, weil ich mit der Religion auf Kriegsfuß stehe, wie ich mir sage. Die mich aber gleichzeitig fasziniert, weil ich verstehen möchte, was hier vor sich geht.

Maria soll hier in Lourdes der Bernadette mehrfach erschienen sein, in der Gestalt einer jungen, schönen Dame. Zunächst hat keiner dem armen Mädchen geglaubt, sie wurde von der kirchlichen und weltlichen Macht befragt und für unglaubwürdig erklärt. Aber die Erscheinung kam immer wieder zur Grotte und zeigte sich Bernadette. Danach wird von Wundern berichtet. Menschen kamen hierher, die an die Erscheinung Marias glaubten und geheilt wurden von Krankheiten, daher die vielen Rollstühle. Später akzeptierte die Kirche, erklärte für echt und wahr, was nicht zu beweisen ist.

Ich glaube nicht an Marienerscheinungen, für Wunder gibt es oft logische Erklärungen, vieles hat sich bei einer Überprüfung in nichts aufgelöst. Auf der anderen

Seite kann die Kraft der Gedanken so stark sein, dass tatsächlich eine Spontanheilung geschieht, ein Wunsch in Erfüllung geht, etwas Wunderbares passiert. Aber woher kommt die Kraft, die dies bewirkt? Nur aus dem Inneren – dem Glauben und der Hoffnung?

In diesem düsteren Gewölbe halte ich es nicht länger aus und suche den Weg ins Tageslicht. Auf einer Bank setze ich mich in die Sonne und lasse meinen Gedanken freien Lauf, während ich das Geschehen um mich herum beobachte. An mir vorbei ziehen Gruppen mit gelben, blauen und roten Schals, vermutlich als Erkennungszeichen – perfekt. Die Pinkfarbenen gefallen mir ausnehmend gut, besonders bei den älteren, grauhaarigen Herren.

Ich bin gekommen, um zu sehen, eine Touristin auf der Durchreise. Mehr nicht. Auch Ironie ist eine effektive Art, die Dinge nicht so nah an sich heranzulassen. Ich fühle mich fremd hier, irgendwie nicht vollständig, weil ohne körperliche Leiden – aber was ist mit meiner Seele, mit meiner Psyche? Nein, Lourdes ist nicht der richtige Ort für meine Qualen. Die sind anders gelagert, müssen anders bearbeitet werden, denke ich auf meiner Bank im Sonnenschein. Da kann kein Wunder helfen, es ist die Arbeit eines geschulten Verstandes, der um die Zusammenhänge und Abläufe von Trennung und Loslösung weiß und dieses Wissen jetzt auf das eigene Erleben anwenden wird. Diese Menschen hier haben nichts mit mir gemeinsam.

In Lourdes denke ich noch, es ist mein fehlender Glaube, der mich so distanziert fühlen lässt. Viele Tage später spreche ich mit einem katholischen Priester über den Ort. Er öffnet mir einen anderen Blickwinkel. Behinderte genießen es, in Lourdes zu sein. Oft ist es die einzige Möglichkeit, rauszukommen, eine Reise zu machen, weil die Hindernisse im täglichen Leben so groß sind und der Geldbeutel so klein. In Lourdes fühlen sie sich als Gleiche unter Gleichen. Hier ist es normal, behindert zu sein. Wer hier gesund ist, ist quasi nicht normal, gehört nicht dazu. Eine große Anzahl Betreuer kümmert sich um sie, es gibt viel mehr Zeit als zu Hause im Alltag und es kommt zu wirklichen Begegnungen mit hoher Intensität.

Mit einem Schlendern durch den Bezirk der Grotte vertreibe ich mir die Zeit. Mein Zug fährt am späten Nachmittag weiter, mal sehen, was es hier noch zu entdecken gibt. Die Menschen um mich herum trinken Wasser aus der Quelle, füllen es in Becher und Flaschen. Das Wasser soll die Wunder bewirkt haben, die bis zum heutigen Tage angeblich andauern. Ob das auch bei denen wirkt, die nicht daran glauben? Ob davon auch ein krankes Herz geheilt werden kann? Schaden kann es ja nicht. Mir fällt der Gottesbeweis ein, der mich vor Jahren fasziniert hat, weil ihn ein klarer Verstand mit den Mitteln der Logik aufgestellt hat: Angenommen, es gibt Gott, dann ist es gut, an ihn zu glauben. Angenommen, es gibt ihn nicht, dann ist es auch egal, ob wir an ihn glauben oder nicht. Wenn es ihn aber gibt und wir glauben nicht an ihn, könnte das für uns unangenehme Konsequenzen haben, falls er darüber ärgerlich wird. Die sinnvollste, weil logische Konsequenz ist folglich: Es ist gut an Gott zu glauben, gleichgültig, ob es ihn gibt oder nicht. Warum sollte ich das nicht auch auf die Wunder übertragen können, denke ich schmunzelnd. Glauben und Zweifel sind immer die zwei

Seiten einer Münze – warum mich jetzt für eine Seite entscheiden? Also trinke ich.

Vielleicht kann ein Gebet auch nicht schaden, irgendwie gehört es zum Wasser dazu, wenn es wirken soll, denn neben der Quelle ist Maria erschienen. Lourdes ist allein Maria geweiht, habe ich gerade erfahren, hier ist nur ihr Platz. Also richte ich mein erstes Gebet an sie. Mit Frauen verstehe ich mich im Moment sowieso besser, fühle mich eher verstanden. Es klingt etwas holprig in mir, schließlich habe ich noch nie mit ihr gesprochen:

„Hallo Maria, ich weiß nicht, ob es dich gibt, und ob das stimmt, was hier berichtet wird, ich habe so meine Zweifel. Aber falls es dich doch gibt, dann wirst du mich jetzt auch hören. Es wäre schön, wenn du mir für meine Wanderung Kraft geben würdest. Vor dem Start allein in den Pyrenäen habe ich doch etwas Angst, so stark fühle ich mich gar nicht, wie ich immer tue, aber jetzt bin ich unterwegs und ändern kann ich nichts mehr daran. Meine Achillessehne tut mir weh, schon seit Monaten, und ich habe Angst, dass ich damit nicht wandern kann. Würdest du mir bitte helfen und sie beruhigen? Natürlich kannst du tun, was du für richtig hältst, aber schön wäre es schon. Wenn es dich gibt, dann wirst du schon wissen, was gut ist für mich. Dein Wille geschehe."

Danach lasse ich mich weiter treiben. Mir ist heute Morgen aufgefallen, dass Lourdes eine Shopping-Meile ist, das setzt sich auch hier, rund um die Grotte fort. Kommerz in allen Preislagen. Das ist verlockend, also werfe ich eine Zehn-Franc-Münze in einen Automaten, der mir drei verschiedene Lourdes-Medaillen offeriert. Es wird ein gutes Geschäft für mich, denn die Münze die rauskommt, ist viel größer als mein Zehn-Franc-Stück. Ich habe mich für eine Münze entschieden, auf der Maria als junge Frau ohne Kind abgebildet ist und auf der anderen Seite ihre schöne Kathedrale auf dem Hügel. In meinem Rucksack sind ausschließlich nützliche Sachen, kein unnötiges Gewicht, kein Schmuckstück, nur ein Foto meines Hundes im Tagebuch – fürs Herz und zum Liebhaben. Maria wandert erst mal in die Hosentasche. Ich könnte sie als Talisman mitnehmen, der mir Glück bringen und mich daran erinnern soll, dass dies der Beginn eines neuen Lebensabschnitts ist, mal sehen, vielleicht schicke ich sie auch nach Hause. Jedes zusätzliche Gewicht belastet.

Später, im Museum, lese ich die Geschichte über Marias Erscheinen in Lourdes. Sie soll gesagt haben, dass sie nun eine Kapelle nur für sich haben möchte, und zwar genau hier. Schau an, Maria als Frau, die weiß, was sie will, und sich dafür einsetzt, nicht länger die stille Dulderin. Das gefällt mir. Das habe ich bisher noch nicht mit ihr verbunden. Allerdings antwortet die Erscheinung in Lourdes auf die Frage nach ihrem Namen: „Ich bin die unbefleckte Empfängnis." Schlecht, Maria, so kommen wir nicht zusammen. Daran glaube ich nicht, die Sache ist fromme Augenwischerei.

Trotzdem, seitdem ich diese Münze in meiner Tasche habe, beschäftigt mich Maria zunehmend, was nicht sonderlich erstaunlich ist, weil ich beim Schlendern gern beide Hände in den Hosentaschen habe, da ist die Münze in der Hand. So auch als ich in der Nachmittagssonne am

Flüsschen Gave flaniere, mich auf einen großen Stein am Ufer setze und mit den Gedanken bei dem bin, was mich wohl erwarten wird. Rings herum Menschen auf Parkbänken, in Gespräche vertieft, Familien mit ihren Kinder, ein Mann spielt mit einem kleinen Jungen Fußball. Ich bin allein, werde es wohl auch bleiben für die nächsten Tage. Und dann noch mal: „Maria, ich habe doch Angst davor, allein in den Pyrenäen zu starten. Aber jetzt ist wohl nichts mehr zu ändern."

So ein Quatsch, es muss der Ort sein, die Atmosphäre hier. Was habe ich mit dieser Frau zu schaffen. Ich bin evangelisch erzogen, zu Maria habe ich noch nie gebetet. Überhaupt Beten! Wie lange ist das schon vorbei!

God is female

Anfang der 70er Jahre bin ich aus der Kirche ausgetreten. Es schien die logische Konsequenz meines Protestes und meiner Identitätssuche als Frau zu sein. Die sexualfeindliche, moralisierende Haltung bot keine Antwort auf Fragen, verwechselte den erhobenen Zeigefinger mit der Hand, die Halt gibt. Dabei ist doch der Zeigefinger verbunden mit drei anderen Fingern, die auf die eigene Person zeigen. Der Papst hatte gerade seine *Enzyklika Humanae Vitae* verkündet, in der er Empfängnisverhütung grundsätzlich ablehnt und voreheliche Sexualität weiterhin verdammt. Die evangelische Kirche verhielt sich abwartend und ruhig, also warf ich sie in den gleichen Topf. Den Zugang zur Kirche hatte ich schon Jahre vorher verloren. Keiner, den ich kannte, ging noch in die Kirche. Die großen Veränderungen in der Welt schwappten bis in den kleinen Ort, in dem ich damals lebte und den ich für den langweiligsten der ganzen Welt hielt. Demos waren angesagt, Proteste gegen das Establishment und das Victory-Zeichen stand für Peace. Meine jungen Schwestern innerhalb der Institution Kirche waren still, zumindest drang nichts nach außen. Die älteren zeigten sich weiter fromm und setzten ansonsten ihre ehrenamtliche Arbeit duldsam fort. Gerade das reizte zum Widerstand. Unbezahlte Arbeit wird weniger geachtet – ist eben Frauenarbeit. Fürsorge und Dienst an der Gemeinschaft scheinen veraltete Tugenden zu sein. Hingabe macht schwach und wird ausgenutzt. Unser Mitgefühl galt eher den Menschen in Vietnam, als dem Nächsten an unserer Seite.

Mein politisches Bewusstsein war erwacht: Religion war Rechtfertigung zur Unterdrückung von Frauen und Maria das Symbol dafür. In der evangelischen Kirche wurde Maria für ihre Aufgabe pünktlich zur Weihnachtsgeschichte rausgeholt, blank geputzt, in eine Krippe gestellt, bestaunt. Nach den Feiertagen verschwand sie wieder in der Versenkung. Der evangelische Platz für Maria, natürlich auch für all ihre Geschlechtsgenossinnen, war klar definiert und hieß noch immer: Kinder, Küche, Kirche. Luther wollte sie raushaben aus dem öffentlichen Leben, wo sie ja eh schon kaum vertreten waren. Sie sollten auch nicht mehr die Möglichkeit haben, sich in Klöster zu flüchten. Nach der Heirat hatten sie ihrem Manne zweimal pro Woche zur Verfügung zu stehen, aber bitte freudlos. Dann öffnete er den Priestern ganz offiziell den Schoß der realen Frauen. Die anbetungswürdige Heilige Maria war nicht mehr erforderlich im täglichen Leben. Es gab jetzt genug reale – auch in der Nacht. Maria hatte keine besondere Bedeutung mehr für die evangelische Kirche.

Der Marienkult in den katholischen Kirchen blieb bestehen. Und damit die Projektionsfläche, die Führbitterin, die Duldsame, die Ausrichtung für jeden gläubigen Katholiken. Sie war die Frau, die immer mehr und mehr Verehrung bekam über die Jahrhunderte hinweg. Während die realen Evas Geschöpfe der Sünde waren, gab es eine reine, heilige, verehrungswürdige. Sie hatte sich gefügt, hatte akzeptiert und keine Forderungen gestellt.

In einem schienen sich die Konfessionen einig zu sein: Frauen hatten zu dienen und den Mund zu halten vor der männlichen Dominanz, für die die Bibel die Rechtfertigung lieferte, verfasst mit Hilfe des Heiligen Geistes im Auftrag von Gott-Vater, so mein damaliger Kenntnisstand.

Natürlich war es infantil, der Kirche den Rücken zu kehren. Eine Institution verändert sich nur von innen, das Außen kann lediglich Anstoß sein. Trotz ist ein schlechter Baumeister für wichtige Veränderungen. Er entsteht aus dem kindlichen Gefühl der Unterlegenheit. Aber besser kindlicher Trotz, als gar nichts tun, stillhalten und damit das System stabilisieren. Damals warf ich Institution, Klerus, Religion, Glauben, Auslegung und Gemeinde in einen Topf. Und glaubte, der Deckel sei zu.

Währenddessen trugen wir unsere Gesinnung auf der Brust in Form von Buttons. Mein liebstes war rosa, mit schwarzer Schrift. Ich habe es lange aufbewahrt und mich erst bei meinem letzten Umzug davon getrennt: „God is female“, Gott ist weiblich. Damals gingen wir weiter in unserem Protest: „Als Gott den Mann schuf, übte SIE nur“, war gängige Frauensprache. Sagen wir ab heute nicht mehr „im Namen des Vaters und des Sohnes und des Heiligen Geistes“, sondern „im Namen der Mutter der Tochter und der Liebe“. Das wäre doch mal eine Osterbotschaft des Papstes in seinem *Urbi et Orbi*!

Und Maria? Wer dachte denn an die? Maria passte nicht in dieses Bild der revoltierenden Frauen. Wir suchten als Identifikationspunkte die großen, strahlenden, starken, mächtigen, mutigen Frauen. Urmutter Eva, die aufmüpfige, freche, passte besser in dieses Bild. Sie hatte die Chance der Wahl ergriffen, die ihr Gott gegeben hatte, sich über Verbote hinweggesetzt. Der Ausgang ist bekannt. Die Begriffe Sünde und Schuld standen in engem Zusammenhang mit der antiquierten Sexualmoral, waren zu lange schon Instrumente der Unterdrückung. In dieser Zeit galten Frauen, die den männlichen Machtanspruch in Frage stellten und selbst Macht über ihr eigenes Leben anstrebten, als Emanzen mit Penisneid – nicht nur bei Männern. Macho Freud hatte uns mit seiner Terminologie, die vermutlich ganz stark seinen eigenen Ängsten entsprungen war, einen ziemlichen Brocken vor die Füße geworfen. Seiner Meinung nach empfinden wir Frauen einen permanenten Mangel, weil uns da unten etwas fehlt. Dieser Mangel kann nur kurzfristig durch Schwangerschaft und

Geburt eines Sohnes kompensiert werden. Frauen, die dagegen protestierten (oder gegen irgendetwas anderes), unterlagen einem Männlichkeitskomplex.

Da ist es wieder, das Bild der Idealfrau: demütig, still, duldsam, gefügig, dabei stets heiter und froh, abzulesen an ihrem jugendlichen Gesicht – natürlich ohne Falten. Weil Falten Spuren des Lebens sind, die Einstellungen und Erfahrungen nun einmal hinterlassen. Die künstlerischen Darstellungen der Maria zeigen sie immer als schöne Frau, gleichgültig, ob kurz nach der Geburt oder mit ihrem toten Kind im Arm. Selbst der tiefste Schmerz kann ihr Gesicht nicht dauerhaft zeichnen – sie ist zeitlos schön. Weil diejenigen, die sie dargestellt haben, Frauen so sehen wollten? Oder weil die Künstler wussten, dass das Leben die tiefsten Spuren in Gesichtern zeichnet, deren Inneres starr ist und voller Widerstände gegen das, was nun einmal ist? Aber diese Fragen standen damals nicht an, diese Gedanken kommen erst jetzt.

Die Inkas haben ein schönes Bild, mit dem sie die Entwicklung eines Menschen ausdrücken. Es ist ein Baum, der unten dicke, starke, weit ausladende Äste hat, nach oben immer schmaler und beweglicher wird bis zu seiner Spitze, die sich sanft im Wind wiegt. Die dicken Äste symbolisieren die Jugend, wenn wir mit aller Kraft voranstürmen, mal in die eine, mal in die andere Richtung, wild und ungestüm. Mit zunehmendem Alter schlägt das Pendel nicht mehr so stark aus, macht nur noch kleine Bewegungen um seine Mitte herum. Die Spitze ist das Alter, die Weisheit und geistige Beweglichkeit.

Solche Gedanken versöhnen mich für den Moment mit der Vergangenheit und geben mir Gelassenheit für die Zukunft: Wie soll ich meine Mitte finden, wenn ich meine Grenzen nicht kenne? Alles hat seine Zeit.

Auf dem Col de Somport

Ich stehe mit meinem Elf-Kilo-Rucksack auf dem Col de Somport, inmitten der Pyrenäen, auf der Grenze zwischen Frankreich und Spanien, und mir ist ziemlich mulmig zumute. Jetzt geht es also los. Die erste Wanderetappe in ein neues Leben. Hier auf dem Pass ist dieses Prickeln unter der Haut, wenn ich mich umschaue, das schöne, aufregende Erlebnisse begleitet. Mein Herz schlägt schneller bei dem Gedanken, in den nächsten Wochen frei zu sein von allem, was mein Leben sonst ausmacht. Nicht zu wissen, was passiert, ob ich es überhaupt schaffe, ist, wenn es sich auf diese körperliche Herausforderung bezieht, ganz und gar nicht angstauslösend – schau an. Ich suche mit den Augen den Weg und sehe auf den Hängen unter mir erstes Grün zwischen letzten Schneeteppichen. Kleine Bäche fließen ins Tal. Die Sonne scheint, aber es ist schneidend kalt, der Wind pfeift über die Bergkuppe und die schneebedeckten Gipfel ringsum. Es ist dieses Gefühl von Frühling und Neubeginn, das unwillkürlich tiefer atmen lässt, leicht und beschwingt macht.

Neben mir steht Walther. Wir sind als einzige Fahrgäste mit dem Bus auf den Pass gefahren. Der Fahrer hat bei Walther das Fahrgeld gleich doppelt kassiert. Klar: Ein Mann und eine Frau sind ein Paar. Wir haben gelacht und seitdem reden wir. Wie schwer unsere Rucksäcke sind, wie lange wir unterwegs sein wollen, was wir alles mithaben. Hier auf dem Pass ist mir kalt, obwohl ich alles auf dem Körper trage, was ich an warmer Kleidung dabeihabe.

Also los, nicht lange stehen bleiben. Meine Achillessehne schmerzt, und ich mache mir Sorgen, ob sie die Anstrengungen aushalten wird. Mein Arzt hat mir geraten, lieber vorsichtig zu sein und nicht zu wandern. Ich habe mich entschlossen, lieber vorsichtig zu wandern. Walther und ich machen uns gemeinsam auf den Weg. Nun bin ich also doch nicht allein zu Beginn meines neuen Weges. Es hat mich gereizt, ohne Begleitung durch die Pyrenäen zu gehen, aber in Lourdes war auch die Angst vor dem langen Alleinsein da. In den Bergen auf sich allein gestellt zu sein, ist nicht ungefährlich, das ist mir schon klar. Nun gibt es aber eine ganze Reihe von Extremsportlern, die ihre Unternehmungen auch nicht davon abhängig machen, ob jemand mitkommt oder nicht. Aber zum einen bin ich kein Sportler und zum anderen eine Frau.

Die Sorgen der anderen

Und du hast keine Angst als Frau allein? Nicht so sehr. – – – Und wenn du dich verletzt und kein Mensch da ist? Ich mache doch zu Hause auch einsame Wanderungen. – – – Es soll dort gefährliche wilde Hunde geben! Mit Hunden kenne ich mich aus. – – – Und die spanischen Männer! Zu Hause kann mir doch auch alles Mögliche passieren. – – – Und du nimmst doch hoffentlich Pfefferspray mit! Habe ich nicht vor.

Meist mache ich mir wenig Gedanken um Verletzungen, Gewalt und angriffslustige Männer und Hunde. Ich war in Asien und in der Südsee nur mit einer Reisetasche unterwegs, habe in der Sahara meditiert und in einem Zelt geschlafen. Ein paar Mal hatte ich Angst um mein Leben.

Allein war ich dabei selten, in der Natur nie einsam, aber manchmal im Beisammensein mit Menschen. Daran habe ich mich gewöhnt.

Die Entscheidung, mich auf den Jakobsweg zu begeben, hatte ich drei Monate vorher intuitiv, aus dem Gefühl heraus getroffen, ohne mit dem Verstand darüber Rücksprache zu halten. Das kam erst später, als ich die Planung für die Reise machte, die erforderliche Ausrüstung kaufte und mit anderen darüber sprach. Im Beruf habe ich gelernt, Entscheidungen ganz rational zu begründen. Intuition wird oft belächelt, weil es dafür keine Beweise gibt, nur ein Gefühl, das sagt, tu es oder Finger weg. Es ist der Bereich des Spürens und Erahnens, von dem eine große Kraft ausgeht – so man sich selbst glaubt und Vertrauen zu sich hat. In diesem Fall hatte ich Vertrauen zu mir. Es war auch nicht so schwer, da es anfangs niemanden gab, den ich davon überzeugen wollte. Das änderte sich mit der Zeit.

Zunehmend wurde ich mit den Sorgen und Bedenken der anderen konfrontiert. Im Mittelpunkt stand immer wieder mein Start, die ersten zwei Wochen wollte ich allein unterwegs sein. Dann würde sich eine Freundin anschließen. Der Druck nahm mit jedem Gespräch zu. Fast jeder hätte mich lieber in einer sicheren Gruppe gesehen. Zunächst konnte meine Euphorie alle Einwände abfedern. Aber irgendwann wurde ich mürbe und damit auch kleinlaut. Zu gefährlich, zu viel Risiko, ging es mir immer wieder durch den Kopf und bremste meine Energie.

Angst ist wichtig im Leben, weil sie uns davor schützt, leichtsinnige, gefährliche Dinge zu tun. Mut ist etwas, das stärker ist als die Angst.

Denn da, wo die Angst sitzt, gerade da, geht der Lebensweg oft weiter. Dort ist die größte Herausforderung und das persönliche Wachsen. Wenn wir wüssten, dass jedes Risiko zum Erfolg führt, wo wären da noch der Reiz und die Auseinandersetzung, wo der Stolz auf die eigene Entscheidung, wo die Dankbarkeit für Überraschungen? Die ausgetretenen Pfade scheinen meist sicherer, aber auch das ist ein Trugbild. Sicherheit gibt es nicht, nicht einmal dafür, dass die intuitiven Entscheidungen die besseren sind. Es ist wichtig zu gehen, wenn gehen angesagt ist, und zu verweilen, wenn eine Pause ansteht. Das ist die Lebenskunst: zu erkennen, was ansteht, und es zu tun. Nicht verharren, nicht flüchten. Das wollte ich lernen und beherzigen. Dahin würde mein Weg gehen.

Alle Flüsse enden im Meer, aber wer kennt ihren Weg, wenn er am Ufer steht? Nur Mut! An diesem Punkt meiner Überlegungen gelang die Abgrenzung von den Ängsten der anderen. Ihre sorgenvollen Fragen und Ermahnungen waren vermutlich die Gründe, warum sie die Reise so nicht oder gar nicht angehen würden. Menschen können sich oft nicht vorstellen, dass andere Dinge tun und schön finden, vor denen sie selbst Angst haben. Das wird häufig in ängstliche und mahnende Fragen verpackt oder in Abwertungen. Nach dem Motto: Wenn du das schön findest, was ich mich nicht traue, dann kann mit dir etwas nicht stimmen.

Damit war der Weg frei, auf mich selbst zu schauen. Was waren denn meine ureigensten Zweifel, Sorgen und Ängste? Wenn die anderen mich infizieren konnten mit ihren Bedenken, musste es auch eine Entsprechung in mir dafür geben. Zunächst fand ich das, was da an die Oberfläche geschwemmt wurde, zu trivial, um es wahrhaben zu wollen, aber es blieb dabei. Die Spitzenplätze meiner persönlichen Angst-Skala für diese Unternehmung waren: Hoffentlich werde ich nicht frieren und immer genug zu essen haben. Dagegen kann ich eine Menge tun, sagte ich mir.

Vom Wandern

Kurz unterhalb des Passes ist mir so heiß, als würde ich in der Sauna joggen, und ich beschließe, dass nun der richtige Zeitpunkt ist, mich von der Regenjacke, dem zweiten Sweatshirt, dem zweiten T-Shirt und der zweiten Hose zu trennen. Ich fühle mich solange beschwingt und erleichtert, bis ich meinen Rucksack aufsetze, der jetzt fast zwei Kilo mehr wiegt, das ist fühlbar. Der Rucksack ist etwas schwerer geworden, als geplant. Das liegt zum Teil an den warmen Sachen, die ich zusätzlich mitgenommen habe und später nach Hause schicken werde. Auch mein Proviant reicht nicht nur für heute. Von den Müsliriegeln esse ich noch Tage später.

Walther und ich haben genau die gleiche Geschwindigkeit. Jeder geht mal vorne und bestimmt das Tempo - es passt gut. Nun bin ich also doch nicht allein auf meiner ersten Etappe, wie schön. Insgeheim hatte ich mir das am Tag vorher auch gewünscht.

Die Landschaft ist berauschend schön. Vermutlich wird hier zur Skisaison die Hölle los sein. Jetzt ist es ganz einsam, nur in den kleinen Orten begegnet uns von Zeit zu Zeit ein Mensch. So geht es den ganzen Tag bergab. Nur 15 Kilometer schaffen wir nach meinen Berechnungen am ersten Tag, Walther sagt 18 Kilometer. Von nun an verlassen wir uns auf seinen Reiseführer.

Die erste Herberge ist auch der erste große Schock. Der Wirt gibt Walther mit feistem Grinsen einen Schlüssel – einen! Ich spreche kaum spanisch, und vor lauter Schreck würden mir jetzt sowieso nicht die richtigen Worte einfallen. Also mache ich ihm in der internationalen Zeichensprache klar: Schau her, Junge, kein Ring am Finger, wir nicht verheiratet, ich eigenes Zimmer, ich zweiten Schlüssel. Als er auch nach dem dritten Anlauf keinen zweiten Schlüssel rausrückt, kapituliere ich. Das Zimmer hat zwei Stockbetten, so ist wenigstens genug Platz für zwei. Es ist kalt und es gibt keine Heizung. Ich drücke auf meine Matratze, fühle die Kälte, die sich tief im Inneren eingenistet hat. Hier ist vermutlich den ganzen Winter über nicht geheizt worden.

Ausgehungert, wie wir sind, noch fest verhaftet an heimische Restaurantzeiten, wollen wir um 18.00 Uhr essen. Alles, was es um die Zeit gibt, ist ein Boccadillo, ein dünnes, langes Weißbrot mit Schinken oder Käse oder Eiern. Ich hätte gerne ein Boccadillo mit Schinken *und* Käse *und* Eiern *und* Tomaten. Für diese Bestellung hat mein Spanisch gereicht, aber die erstaunte Bedienung nimmt vermutlich an, ich hätte Sprachschwierigkeiten. So gibt es dann nur ein Boccadillo mit Schinken. Besser als nichts. Es ist noch hell, als ich ins Bett gehe: fertig, geschafft, erledigt, satt und glücklich. Nachts wache ich auf, weil ich in meinem dicken Daunenschlafsack friere, stopfe mir im Halbschlaf noch ein Sweatshirt unter die Hüften, rolle mich zu einer kleinen Kugel zusammen. Es ist eiskalt.

Walther und ich beschließen, auch den zweiten Tag miteinander zu starten. Es ist so stimmig, dass wir ihn auch gemeinsam beenden. Die nächsten Tage bleiben wir zusammen. Es ist schön, nicht allein zu sein, und es tut gut, einen fremden Menschen an der Seite zu haben, einen, der nichts von meiner Geschichte kennt, dem ich auch nur wenig darüber erzähle. So gelingt es mir besser, bei mir zu bleiben.

Über die Vergangenheit zu reden, ist eine große Verlockung, wenn sie noch nicht abgeschlossen ist. Bis zu einem gewissen Grad ist das Gespräch auch wichtig, um verarbeiten zu können. Irgendwann ist es dann aber nur noch ein Mehr desselben. Wie das immer noch tiefere Graben in einer finsteren Grube, in der man selbst steht, um noch tiefer zu kommen, während der Blick gleichzeitig sehnsuchtsvoll das Licht sucht. Das habe ich in den vergangen Monaten oft gemacht. Es ist Zeit, loszulassen, damit ich mich auf Neues einlassen kann. Also halte ich als Erstes mal den Mund, wenn es um Vergangenes geht. Somit ist dieser erste Tag schon ein Fortschritt, weil das, was mich belastet, schweigt. So will ich es auch in der Zukunft halten.

Auch am zweiten Tag bleibt das Gefühl, über die Pyrenäen zu schweben. Welche Superlative gibt es, um dieses Gefühl von Stärke in mir auszudrücken, dieses „ich schaffe es und es macht mir Spaß", das ich schon so lange vermisst habe. Endlich wieder etwas Neues, frische Eindrücke im Innen und Außen. Ich fühle mich großartig, sauge die berauschenden Farben, den Geschmack der klaren Luft in mich ein. Von Stunde zu Stunde fühle ich meinen Körper mehr: die Muskeln, Beine, Lunge, das Herz, meinen Rücken – allerdings auch den Rucksack. Was habe ich mir da nur angetan? Niemals werde ich mit diesem schweren Rucksack Santiago erreichen! Zwar kommt die Kondition mit dem Laufen, habe ich mir sagen lassen. Aber wenn nicht, gibt es immer noch einen Bus, mit dem ich ein Stück fahren kann. Das gestehe ich mir einfach zu, so viel Luxus muss sein.

Maria ist immer noch in der Hosentasche, und so soll es auch bleiben. Schaden kann es ja nicht, sage ich mir und nehme sie beim Wandern immer mal wieder in die Hand. Sie soll mein Talisman sein, mir Glück bringen, ein Anker, der mich im Hier festhält.

Meine Achillessehne schmerzt, aber es ist auszuhalten, und allein war ich am ersten Tag auch nicht. Aber das hat sicher nichts mit meinem Gebet in Lourdes zu tun – oder?

Auf einsamen Wegen

Es gibt zwei Gruppen von Reisenden. Die einen haben ihren Reiseführer ständig griffbereit, vorher ausführlich studiert und alles Interessante angestrichen, wissen, was sie erwarten können. Ich gehöre der anderen Gruppe an. Ich lasse mich gerne überraschen.

Es ist Walthers Vorschlag, am (verflixten) dritten Tag eine landschaftlich schöne Nebenstrecke zu wählen. Warum nicht, abseits der Routen ist es oft besonders reizvoll. Touristen bewegen sich mehr auf ausgetretenen Pfaden. Ich bin immer schon gerne davon abgewichen. Nur habe ich einen entscheidenden Nebensatz glatt übersehen: Erfordert körperliche Fitness. Das ist ein relativer Begriff, im Vergleich zu anderen bin ich entweder extrem fit oder ziemlich schlaff. Für die ersten zwei Tage hat meine Kondition gereicht, also halte ich mich für ziemlich stark. Es ist auch nicht meine Art, Anstrengungen zu meiden. Dabei habe ich mir damit schon eine Menge Lebensärger eingehandelt. In Stresssituationen mache ich weiter, gönne mir keine Pause, trete nicht zurück, um einen klaren Kopf zu bekommen, lasse mich eher einfangen von der Situation. Für diese Unternehmung hatte ich mir vorgenommen, klüger zu sein, alles ruhig angehen zu lassen, auf mich und meine Bedürfnisse zu achten, mich nicht anzupassen um der Gemeinschaft willen, mein eigenes Ding zu machen.

Wir verlassen die Hauptroute und nehmen den Weg über San Juan de la Peña nach Santa Cilia de Jaca und beginnen unseren ersten Aufstieg. Vor uns die bewaldeten Berge und zunächst einmal grüne Wege, die hinauf führen. Über uns der Himmel strahlend blau. Die Einsamkeit und Ruhe auf den Wegen tun der Seele gut. Es ist schön zu schauen, ohne alles zu kommentieren. Dazu wäre ich auch schon nach kurzer Zeit nicht mehr in der Lage, weil die Luft bei der Anstrengung knapp wird, es geht steil bergauf. Immer weiter, und nach einem kurzen Abstieg wieder bergauf. Es ist mühsam mit dem Rucksack auf dem Rücken. Es gilt die richtige Einstellung der Gurte zu finden. Ein Rucksack kann dich den Berg wieder runterziehen oder sich hilfreich auf die Schultern legen und sogar ein bisschen beim Aufstieg helfen.

Nach Stunden erreichen wir eine Asphaltstraße und haben den höchsten Punkt erreicht. Vor Begeisterung schreie ich mir viel Kraft aus den Lungen, die ich später noch gut hätte gebrauchen können, getreu dem Motto: Lächele und sei froh, denn es könnte schlimmer kommen. Und ich lächelte und war froh – und es kam schlimmer.

Die Straße führt uns zum ersten der zwei Klöster am Weg. Es ist schön, am Kiosk unter den Bäumen zu sitzen und ganz dekadent eine Cola zu trinken, Pommes rotweiß sind auch im Angebot. Wir sind wieder in der Zivilisation, sitzen auf Holzbänken mit Blick auf die Straße, schauen den vorbeifahrenden Autos nach, in denen Wochenendausflügler Sightseeing machen. Ich freue mich, sie zu sehen, und ich freue mich, meinen Weg zu gehen, kein „ich mache es besser als ihr". Das ist sehr verbindend.

Wir treffen auf eine junge Spanierin. Sie kennt den Camino, ist im Urlaub immer wieder Teilstücke gewandert und erklärt den heutigen Weg zum schlimmsten Teilstück. „It is the worst", sagt sie uns. Es ist das schlimmste Stück, aber wunderschön. Dabei kennt sie den Abstieg noch nicht. Auf dem Weg bergab liegen dicke runde Stein, die jeden Schritt zu einer Wackelpartie machen. Meine Achillessehne schreit gequält auf. Meine Knie zittern, ich habe Angst zu fallen. So geht es über Stunden.

Und wenn wir es nicht schaffen, bevor es dunkel wird? Im Schein meiner Taschenlampe möchte ich diesen Weg auf keinen Fall gehen. Die Urängste finden ihren Weg an die Oberfläche. Ich sehe mich schon zusammengekauert, frierend und ohne etwas zu essen unter einem Dornenbusch übernachten. Angst betrifft immer die Zukunft. Aber sie lässt uns straucheln, macht unsicher, zieht Energie ab, wo wir sie am dringendsten brauchen. In der Gegenwart ist dies nur ein schwieriger Weg, der Konzentration und ein paar Pausen mehr erfordert. Traubenzucker und Wasser mobilisieren kurzzeitig körperliche Reserven, und gleichzeitig verschwindet die Angst. Ein so simpler Zusammenhang zwischen Körper und Geist, zwischen dem Jetzt und der Zukunft, die mit dem nächsten Schritt beginnt. Weiter.

Die Büsche hören unvermittelt auf. Wir haben Santa Cruz de la Serós erreicht, 25 Kilometer mit einem Aufstieg von 1000 Höhenmetern. Nicht schlecht mit dem Rucksack – und meiner Kondition. Hier erwartet uns ein kleines Hotel mit freundlichen Jalousien vor den Fenstern, kein Refugio mit Gemeinschaftsdusche und Schnarchkulisse wie in Jaca, dafür mit Einzelzimmern. Während das heiße Wasser meinen Schweiß abspült und gleichzeitig meine Kleidung wäscht, die zu meinen Füßen liegt, ich bin ein praktisch veranlagter Mensch, traue ich mich zum ersten Mal laut zu sagen, was ich bisher vorsichtig mit einigen Wenns und Abers für mich gehofft habe: Ich schaffe den Camino zu Fuß. Ich werde den ganzen Weg gehen. Gut 50 Kilometer liegen erst hinter mir, fast 800 Kilometer noch vor mir bis Santiago de Compostela, über Hügel, durch

Täler und Wälder, über Straßen, Schotterwege, Felder und durch Städte. Diese 800 Kilometer will ich laufen.

Das Paradies ist genau hier

Der Reiz liegt eben doch in der Herausforderung, nicht in der Hängematte. So einfach sind Veränderungen nicht, es reicht nicht, wenn der Kopf sagt, *ich will es ab sofort anders machen, mich nicht mehr so verausgaben*. Vitalität, Bewegung und Anstrengung sind auch etwas sehr Schönes, wenn sie aus dem Spaß am Leben entstehen – nicht aus dem Zwang, sich beweisen zu wollen. Auch während der nächsten Tage werde ich jeden Hügel rauflaufen, um dann festzustellen, dass der Weg ganz bequem unten weitergeht. Das Leben ist gar nicht so anstrengend, wie ich es mir oft mache, aber es macht Spaß und es wird zunehmend lustiger, über mich zu lachen.

Der Camino ist wie ein Leben in Kurzform. Alles, was ansteht, alle Fragen, Herausforderungen, Aufgaben, hält er innerhalb einer relativ kurzen Zeit bereit. Das werde ich mit jedem Tag intensiver erfahren. Jeder Tag hält ein Geschenk für mich bereit. Zum einen ist der Camino wie eine riesige postnatale Plazenta für Erwachsene. Es ist für alles gesorgt, was das Leben außerhalb des Caminos so beschwerlich zu machen scheint. Irgendwo gibt es immer zu essen und zu trinken, dazu einen Schlafplatz. Ich bin nicht einsam und kann doch jederzeit allein sein. Handy und Internet-Café ermöglichen den Kontakt mit zu Hause. Der Weg ist gut markiert und sicher, auch für Frauen, die allein unterwegs sind.

Zum anderen habe ich mir vorher überlegt, unter welchen Bedingungen mein Geld reicht. Es gibt einen Anfang und ein Ende meines Weges. Über die Zeit, die zur Verfügung steht, besteht mehr oder weniger Klarheit. Mein Haus auf dem Rücken beinhaltet alles, was ich für mindestens zwei Monate zum Leben brauche. Die Ressourcen sind ausreichend, die Rahmenbedingungen förderlich. Es ist also für alles gesorgt. Wie im Paradies. Aber nur fast, denn die Menschen im Paradies brauchten sich nicht anzustrengen. Das war erst nach dem Sündenfall. Vorher nicht, da konnten sie sich überall bedienen, alles stand zu ihrer Verfügung.

Aber ich meine, irgendwann ist so ein Garten Eden ja mal erkundet, der Kontakt zu allen Tieren hergestellt, alles begutachtet. Ich frage mich oft, warum dieses biblische Paradies für viele Menschen so erstrebenswert ist. Weil alles da ist? Weil kein Leid geschieht? Weil ewiges Glück und Vollkommenheit herrschen? Weil wir im Zustand ewiger Liebe sind? All das halte ich auch für erstrebenswert, all das ist paradiesisch. Aber was ist mit der Lust an der Bewegung, an Herausforderung, Anstrengung, Disziplin? Was ist mit Entwicklung und Wachstum, die ja auch in Zeiten angestoßen werden, wenn der Frust am größten ist?

Wie kann man das Schöne genießen, ohne das Gegenteil zu kennen? Keine Münze hat nur eine Seite, aber zusammen sind sie ein Ganzes.

Die Geschichte von Adam und Eva soll ca. 4-500 Jahre v. Ch. von Priestern geschrieben worden sein. Diese bildhafte Erzählung war für die damalige Zeit die Erklärung, warum die Welt so ist, wie sie sich darstellt, mit all ihren Widersprüchen. Warum gab es einerseits eine gütige Gottheit und andererseits Elend und Leid auf der Welt? Warum waren die Frauen so unbegreiflich in ihrem Verhalten und hatten solche Schmerzen bei der Geburt? Warum legten die Männer so viel Anstrengung in ihr Tun und wurden so verunsichert durch die Tränen einer Frau? Das konnte nur etwas mit einer Schuld zu tun haben, die die Menschen auf sich geladen hatten, denn Gott ist gerecht: So entstand die Geschichte vom Sündenfall und dem hinlänglich mit Zorn belegten Schuld-und-Sühne-Konzept, mit den bekannten Folgen. Aus dem Erklärungsmodell wurde über die Zeit eine Handlungsanweisung. Für die Frau sollte der Mann ihr Herr sein, nach ihm sollte sie verlangen, ausrichten daran, ihm zu gefallen.

Der Mann sollte unter Mühen seinen Acker bestellen, im Schweiße seines Angesichtes. Leistung, die von ihm erbracht wurde, sollte durch Mühe und Kampf erkauft werden. Damit bekamen die Männer von Gott Leistungsorientierung - und dazu Macht und Vorherrschaft durch das Trachten der Frau quasi als Geschenk. Denn Macht besteht nicht aus sich heraus, Macht kann nur genommen werden, wenn sie gleichzeitig gegeben wird. Das zeigen uns andere Kulturen, in denen Frauen eine andere Rolle haben.

Wenn ich mich also hier so freudvoll anstrenge, lebe ich meine männlichen Anteile aus. Denn das hat die Entwicklung der letzten Jahrzehnte gezeigt, die Geschlechtertypologie lässt sich nicht mehr so einfach vollziehen. Menschen haben beide Anteile. Das macht das Miteinander aber auch nicht unkomplizierter. Das Paradies auf diesem Weg besteht also in den Rahmenbedingungen, die immer und jederzeit verfügbar sind. Der Leistungsaspekt, den ich gerade in den ersten Tagen besonders auslebe, wäre, in der Symbolsprache der Bibel, eine Folge des Sündenfalls.

Und wenn ich nicht an das ewige Leben glaube, nicht an Himmel und Hölle? Wenn ich es mit dem Engel Aloysius halte, dem Bayern im Himmel, der das tägliche himmlische Frohlocken lieber gegen ein irdisches Weißbier eintauschen wollte? Dann ist das Paradies gerade hier, weil es kein anderes gibt. Auch wenn ich daran glaube, dass dies nicht mein erstes Leben auf dieser Erde ist, gibt es keine reale Erinnerung an etwas anderes – nur den Glauben. Also ist die Existenz hier alles, was ich habe. Dann ist dies das Paradies. Dann gehört alles, was die menschliche Existenz ausmacht, mit dazu. Es gibt Leid, es gibt eine Ursache für Leid, es gibt ein Ende des Leidens. Wenn ich das annehme, nicht im Leid verharre, loslasse, sowohl Anfang als auch Ende, die ständige Veränderung der Dinge akzeptiere – bin ich im Paradies. Gelingt es mir aber nicht – bin ich trotzdem im Paradies und mache es zu meiner Hölle.

Regen

Am nächsten Tag regnet es im Paradies. Zu Beginn sind es nur einige Nieseltropfen. Es ist auch merklich kälter geworden. In den Pyrenäen fällt wieder reichlich Schnee, erfahre ich später. Da bin ich aber schon weit im Landesinneren, fernab der schneebedeckten Gipfel. Noch immer, wenn ich die Augen schließe, sehe ich Stellen des Pyrenäenweges vor mir. It was the worst, yes – but wonderful.

Aus dem Nieselregen wird ein gleichmäßiger Landregen, stetig und heftig. Anfangs stapfen wir wohlgemut voran, bestätigen uns, dass so etwas ja auch dazugehört, ziehen die Kapuzen über den Kopf und bewegen unseren Muskelkater. Der hat sich nun eingestellt und wird mich noch lange begleiten. Die ungewohnte Anstrengung streckt den Rücken, die Beine werden leicht o-förmig. Mit dem Rucksack auf dem Rücken wirkt der Gang harmonisch. Ohne Rucksack sieht er steif und verkrampft aus. Von nun an wird jedes Aufstehen von einem unwillkürlichen Stöhnen begleitet.

Ich werde immer missmutiger. Mir scheint, ich weiß oft in meinem Leben die schönen Dinge erst zu würdigen, wenn sie vorbei sind. Habe ich in den letzten drei Tagen die Sonne gebührend gewürdigt? Oder die Wegstrecken über Feldwege, fernab von Straßen? Überhaupt, welcher Teufel hat mich geritten, diesen Camino zu Fuß gehen zu wollen? Ich liebe Luxus, Sonne, Meer, gutes Essen und elegante Weine, schöne Kleider, Highheels.

Nur ist es heute nicht mein Ehrgeiz, wie gestern noch, der mich vorantreibt. Etwas Neues hat sich hinzugesellt. Ich spüre die Stärke, die der letzte Tag bei mir wachgerufen hat, die Lust an der Bewegung und Anstrengung. Ich bin neugierig auf den heutigen Tag und seine Erfahrung. Es gibt keinen Tag, der nur schlechte Erfahrungen bereithält, jeder Tag hat seine spezielle Süße, die es zu entdecken gilt.

Es geht immer nur um diesen einen Tag – und diesen Moment. Wieso sollten ein paar Stunden Regen so viel verändern können? Weil das Außen mit dem Innen korrespondiert? Dabei ist das, was alles überdauert, doch im Inneren, in der Seele des Menschen. Wenn es dieser gut geht, lässt es sich mit widrigen Umständen viel besser leben. Bewerten wir die Qualität eines Urlaubs aufgrund der Anzahl der Sonnentage? Das kann es doch nicht sein.

Ich lasse meinen Gedanken freien Lauf, akzeptiere, was kommt, und bin mal in der Vergangenheit, mal in der Zukunft. Nach einiger Zeit merke ich, dass der Rucksack tatsächlich schwerer ist, wenn ich in der Vergangenheit verweile und schmerzhafte Erinnerungen vor meinem inneren Auge auftauchen. Das bleibt auch so, wenn ich an frohe und schöne Erlebnisse denke. *Sie hat ihr Päckchen zu tragen,* kommt mir in den Sinn. Mein Päckchen sind wohl die Erinnerungen, die ich nicht loslassen will und die grau in die Zukunft hinein regieren. Die Wurzel allen Leidens ist das Begehren, heißt es im Buddhismus. Es soll aufhören, ich will nicht mehr.

Triffst du Buddha unterwegs…

Siddharta Gautama Buddha lebte nur ungefähr hundert Jahre vor der Entstehung der biblischen Schöpfungsgeschichte in einem Teil der Welt, dessen Gesellschaftssystem durch Kasten geregelt ist. Ein klares Prinzip von oben und unten, zu dem Frauen und Männer gleichermaßen gehören. Die Zugehörigkeit zu einer bestimmten Kaste kann sich in jedem weiteren Leben ändern, in Abhängigkeit vom Verhalten und dem Karma, der Bestimmung, der jeder unterworfen ist. Wozu also Eile, wenn man doch schon so oft gelebt hat und noch leben wird? Keine schlechte Einstellung, wie ich meine. Etwas mehr davon würde uns im Westen ganz gut tun. Aber wie so oft, es gilt das richtige Maß zu finden.

In seiner Jugend besitzt Buddha alles, was Geld, Macht und Ansehen bewirken können, wird geliebt, geehrt. Und doch macht er sich auf, weil etwas fehlt, lebt in Askese, im Überfluss und wieder in Askese, bis er den Zustand der Erleuchtung erreicht, bis er sieht, was wirklich ist. Alles Festhalten am Sein schafft Leiden. Interpretationen und Wünsche des Selbst verhindern zu sehen, was ist. Das Leben ist ein ständiger Fluss, ein fortwährendes *„Stirb und Werde"*, Festhalten ist Stillstand, Stillstand schafft Leiden.

Buddha ist kein Gott, niemand soll zu ihm beten, aber es ist die Aufgabe eines Menschen, den Buddha in sich zu finden und anderen dabei zu helfen, die auf der Suche sind. Doch Vorsicht: *Triffst du Buddha, töte ihn!* Was nichts anderes heißen soll, als dass Buddha in jedem Menschen wohnt, nicht außerhalb. Es gilt ihn zu erkennen.

Während das Christentum, ausgehend von seinen jüdischen Wurzeln, sich als die allein selig machende Religion betrachtet, lebt der Buddhismus mit anderen in friedlicher Koexistenz. Es ist kein Widerspruch, Christ und Buddhist zu sein. Wer den inneren Frieden gefunden hat, will keinen Krieg.

Vielleicht fühlen sich viele Menschen der westlichen Welt, gerade weil sie im Überfluss leben, so angezogen von Buddha. Vielleicht entwickelt deshalb die christliche Lehre gerade in Ländern der Dritten Welt diese freudige Kraft und Lebendigkeit. Armut und Chancenlosigkeit machen empfänglich für Versprechungen über Gerechtigkeit und Macht. Sie sind aber darüber hinaus ein guter Nährboden für die Entstehung von Hass und Gewalt, wie uns islamische Fundamentalisten gerade zeigen.

Nun also schwappt der Buddhismus schon seit einiger Zeit in unsere westliche Welt, genauer gesagt, seit der Zeit von Victory und Peace.

Alles ist da, im Überfluss, und macht doch nicht satt. Es gibt zwei zentrale Fragen, die sich Menschen stellen, zum einen, wenn sie jung sind und entdecken, zum anderen, wenn sie sich alt fühlen und suchen: Wer bin ich, und warum bin ich hier? Mit dem über Jahrtausende erlangten Bildungsgrad in der Gesellschaft greifen die alten Antworten nicht mehr. Liebe, Toleranz und Offenheit sind das Zuhause der Seele, Schuld und Sünde ihr Kerker, Vergebung ist die sich öffnende Tür – aber immer noch im Kerker.

Meinen Zugang zum Buddhismus habe ich über die Meditation gefunden. Zuerst die Neugier, dann die Erfahrung, wie wunderbar sie ist, wie gut es tut, den Kopf zum Schweigen zu bringen, im Hier und Jetzt zu sein. Dann das neue Gedankengut der Religion und die Erfahrung, wie sie sich mit psychologischen Konzepten verbinden lassen, die heilen und frei machen.

Hier, im Regen auf der befahrenen Straße nach Bergun, steigert sich das Missvergnügen mit jedem Meter. Ich schaue zu den Kilometersteinen, rechne die Entfernung aus, sehe das Ziel schon lange vor uns auf einem Hügel liegen, aber es will einfach nicht näher kommen. So wandern meine Gedanken wieder zurück, Jahr um Jahr, das steigert meine missmutige Laune nur noch mehr. Ich durchlebe Situationen erneut, weiß jetzt, was ich hätte tun müssen, lange schon. Gehe noch weiter zurück, führe Dialoge, die nie stattgefunden haben, weil ich erst jetzt weiß, was ich hätte sagen sollen. Wieder beginnt der Kampf im Inneren.

Mein Kopf und mein Gefühl beginnen miteinander zu streiten. Der Kopf will endlich einen dicken Strich unter die Vergangenheit machen und nach vorne schauen. Mein Gefühl aber versenkt sich immer wieder in die Vergangenheit und animiert den Kopf zur Reproduktion besonders hässlicher Bilder. Was der zwar tut, aber dann, wenn es ihm zu viel wird, wieder brüllt „jetzt ist aber endlich Schluss damit“, worauf das Gefühl aufheult und „aber ich kann es doch nicht“ wimmert. Irgendwann schaltet sich der Körper in die Diskussion ein und verkündet, dass diese ewigen Diskussionen seine Kraft aufzehren, seine Füße wehtun, der Rucksack unendlich schwer ist, die Kapuze am Kinn kratzt und Pickel macht, er sich gleich in diesem beschissenen Regen auf diesen blöden Asphalt neben diese bescheuerte Straße setzen wird, wenn er nicht langsam Unterstützung für seine Mühen bekommt. Das wirkt. Obwohl Kopf und Gefühl bei dieser Aktion trocken bleiben würden. Der Kopf kramt in seinen Erinnerungsschubladen nach konkreten Hilfsangeboten und holt den Straßenkehrer Beppo hervor, der seiner Freundin Momo erklärt, wie schlecht es ihm geht, wenn er die ganze Straße sieht, die er noch zu kehren hat. Wie müde er dabei wird und wie lustlos, weil noch so viel zu tun ist. Und wie gut es ihm geht, wenn er nur den nächsten Schritt macht und den nächsten Besenstrich. „Du darfst nie die ganze Straße sehen, Momo.... dann geht es ganz leicht...“. Was der Kopf sofort mit „Meditation tut immer gut“ erklärt. Dafür bekommt er vom Gefühl freudige Zustimmung und vom Körper ein brummeliges „Mir ist alles recht, was hilft“.

Ich atme tief ein und aus und hole meine Gedanken wieder ins Jetzt zurück, wenn sie sich auf die unglückselige Reise begeben, achte auf mein Ein- und Ausatmen. Dabei lausche ich dem Regen, der auf meine Jacke prasselt, und spüre jeden Quadratzentimeter meines Körpers in der Bewegung, jeden Muskel und besonders die verkrampften. So stapfe ich dahin, Schritt für Schritt, verändere den Fokus meiner Augen, sehe was nah ist, vermeide den Blick in die Ferne. Es wird besser, langsam fühle ich mich freier. Irgendwann ist mir, als würde ein Schalter umgelegt. Auf der einen Seite steht *Kampf,* auf der anderen *Gelassenheit.* Die Vergangenheit ist weg, unwichtig. Die Zukunft noch nicht da. Ich bin angekommen bei dem, was ich gerade mache. Ich sehe nur noch die Straße direkt vor mir.

Jetzt macht das Gehen sogar Spaß, ich kann den Regen auf der Haut genießen, ebenso das Gefühl, warm und trocken eingepackt zu sein. Ich spüre, dass ich in meiner Regenkleidung schwitze und sich das Wasser unter den Gurten des Rucksacks sammelt. Auch das stört mich nicht mehr. Ich nehme es zur Kenntnis, mehr nicht. Jeder Schritt vorwärts ist nun viel leichter. Die Bewegungen meines Körpers sind Genuss, der gleichmäßige Schritt meiner Beine freut mich – ich habe meinen Rhythmus gefunden.

Ich bleibe vermutlich nicht sehr lange in der Entspannung, die Ablenkungen bahnen sich ihren Weg in mein Bewusstsein, aber es hat gereicht, um den zerstörerischen Dialog zu beenden. Zum ersten Mal setzte ich den Satz, *Der Weg ist das Ziel,* nicht nur mit meinem Kopf, sondern mit meinem Gefühl und Körper um. Das, was auf dem Weg mit mir geschieht, ist das Entscheidende, Verändernde. Das Ankommen ist schön. Aber es ist wie die Garnitur bei einem guten Essen. Sie macht nicht satt. Gerade jetzt geschieht das Wichtigste in meinem bisherigen Leben, in diesem Augenblick und in jedem neuen wieder.

Der Weg zieht sich in die Länge, am Nachmittag erreichen wir Bergun. Beim Ausziehen stelle ich die Bescherung fest. Die Lüftungsschlitze meiner Jacke waren offen, da hat es reingeregnet. Das war also die Feuchtigkeit unter den Gurten. Weg damit und trockene Sachen anziehen. Über den Rucksack hatte ich eine Hülle gezogen. Alles, was außen im Rucksack verstaut war, ist trocken. Aber das Regenwasser ist an meinem Rücken runtergelaufen und hat sich zwischen Rucksack und Jacke seinen Weg gesucht. Die andere Hälfte ist nass. Na prima, alles ausbreiten und hoffen, dass es bis morgen trocken wird. Deshalb knistert es bei den anderen so im Rucksack. Jetzt bin ich klüger. Ab morgen verstaue ich alles in einer großen Plastiktüte im Rucksack.

Der Himmel bleibt an den nächsten Tagen verhangen und es regnet oft. Die Wege sind schwer und mühsam. Der Schlamm klebt in dicken Lagen unter den Schuhen. Jeder Schritt ist mühsam, weil der Schuh aus der zähen Masse mit Kraft befreit werden muss – was von einem Schmatzen begleitet wird und beim Aufsetzen von einem Geräusch, das wie „Quatsch" klingt im glitschigen Schlamm, in dem der Halt fehlt. Wir nennen es scherzhaft unseren Sündenzuschlag und folgen weiter den gelben Pfeilen und der Muschel. Am Abend kommen wir völlig erschöpft in den Refugios an. Wir wissen vorher nie, was uns dort erwartet: unbeheizt, dafür mit heißer Dusche oder mollig warm, aber mit Eiswasser-Dusche. Zum Glück nie beide Mühsalen zusammen. Es hätte schlimmer kommen können.

Schuld und Sünde

Während eines Seminars traf ich auf einen Mann, der in der Vorstellungsrunde, gleich in den ersten Minuten sagte, „... und außerdem bin ich bekennender Christ". Uups, da ging ein Ruck durch unsere Gruppe. Wer sich bisher interessiert vorgebeugt hatte, saß sofort etwas gerader. Bei mir gehen alle Alarmsensoren an. Was kommt denn jetzt auf mich zu? Ist das so ein Frömmelnder, Moralisierender? Muss ich jetzt vorsichtig sein, was ich sage? Wird der uns statt seinen persönlichen Ansichten und Gefühlen mit Sprüchen aus der Bibel konfrontieren? So im Stil von: Christus hat gesagt, du sollst nicht.... Oder, was ich für das Allerschlimmste halte, mit dem alles zubetoniert wird, was an unterschiedlicher Wahrnehmung da sein kann: Das ist Sünde!

Die christliche Religion ist extrem freudlos für mich, so habe ich es erlebt, als ich noch zur Kirche ging, jung war, fröhlich, mit Idealen. Ich meine diese bedingungslose Freude am Sein, am schönen Tag, an glücklichen Begegnungen. Alles, was schön ist, was mit Verheißung, mit Leben, mit Hoffnung zu tun hat, wird mit dieser unglückseligen Schuld–Sünde–Vergebung-Kette in Verbindung gebracht.

Dabei scheint Jesus doch ein recht lebensfroher Mensch gewesen zu sein, verwandelte Wasser in Wein, sorgte dafür, dass seine Anhänger genug zu essen hatten. Er ließ sich auch mit Leuten ein, die außerhalb der Gesellschaft standen: gestrauchelten Frauen, Zöllnern, armen Leuten. Was hat die Institution nur aus der Lehre gemacht, die sein Leben uns vermitteln sollte?

Die Weihnachtsgeschichte ist wunderschön, sie ist das Prinzip der Hoffnung und Liebe, so, wie es sein ganzes Leben war. Nur kann ich mich nicht daran erinnern, sie auch nur einmal ohne die weitere unglückselige Verkettung von „Schuld und Vergebung" gehört zu haben. Ostern ist es dann ganz schlimm, dann wird die Verkettung erweitert: Sünde – Schuld – Vergebung. Dieses: Du bist voller Schuld, begehst immer wieder Sünden. Wie kannst du dich jetzt einfach freuen, nur aus dir heraus? Du darfst dich nur freuen, wenn dir jederzeit bewusst ist, dass einer für deine Sünden gestorben ist, und zwar auf ziemlich brutale Art und Weise.

Ein junges Mädchen, mit einem freudigen, mitreißenden, lauten Lachen, bekam noch vor zwanzig Jahren von einer Nonne gesagt: Dieses Lachen kommt vom Teufel. Peng! Damit bekommt jedes gute Gefühl gleich einen schuldigen Beigeschmack. Freude am Leben, Spaß, Tanzen, will im Augenblick des Glücks nicht an Schuld erinnert werden.

Die christliche Terminologie spricht von der Liebe Gottes, weil er seinen Sohn geschickt hat, der uns zu ihm führt. Das ist nicht die Liebe, die ich mir wünsche. Du wirst geliebt, weil... Und nun zeig dich würdig und liebe Gott. Liebe ist nicht einklagbar, nicht provozierbar. Liebe ist freiwillig, ein Geschenk, das aus Vertrauen erwächst, und Vertrauen entsteht durch Offenheit. Alles andere ist Abhängigkeit.

Zugegeben, es fällt mir schwer, Institution und Glauben voneinander zu trennen. Dieses: Du bist sündig, voller Schuld, verdammt in der Hölle zu leben. Und wenn du dann am Boden liegst und nach Luft schnappst, dich klein und hilflos fühlst, dann kommt die Hand und sagt: Wenn du an mich glaubst, mich liebst, wirst du gerettet. Nur dann wirst du tiefen Frieden finden, erlöst werden. Du warst schlecht, bist schlecht, wirst es immer sein, außer du glaubst an mich und tust, was ich dir sage.

Dies ist ein Konzept, das Abhängigkeiten schafft. Ich bin nur ein guter Mensch, wenn ich ein guter Christ bin. Dann glaube ich, halte die Gebote ein und akzeptiere damit die Ordnung und Hierarchie der Kirche. Nun gut, das haben andere Religionen auch. Ich sage nicht, das Christentum ist schlechter als andere. Es ist die Religion meiner Kindheit, mein Kinderherz hat die Botschaft so aufgenommen und behalten, aber nun bin ich erwachsen und erkenne die Regeln dieses Spiels um Macht, das mit Abhängigkeiten operiert.

Abhängigkeit ist ein Teil des Vater-Kind-Prinzips, das es in vielen Bereichen des Lebens gibt, es hat immer zwei Seiten. Einer stellt die Regeln auf, der andere hat zu akzeptieren. Auf der einen Seite Experten, Theologen, Gurus: Du hast keine Ahnung, wie es richtig geht, deshalb hast du Probleme, und wenn du es nicht einsehen willst, dann beweise ich es dir, verstricke dich in Diskussionen, ziehe dir erst den Boden unter den Füßen weg, mache dich klein, dann baue ich dich wieder auf und mache dich damit abhängig. Und nun geh' hinaus in die Welt und verkünde, wie toll ich bin – oder meine Lehre, und wie gut es dir mit mir und deinem neuen Wissen geht.

Auf der anderen Seite Suchende, Gläubige, Jünger: Ich habe so viele Probleme. Du bist so toll, weißt alles, machst alles besser als ich. Sag mir bitte, was ich tun soll, damit ich so werde wie du?

Dieses Konzept ist seelischer Missbrauch – von beiden Seiten. Beide brauchen sich, um sich gut zu fühlen. Die Erfahrung zeigt, dass jene, die sich besonders damit hervortun, Regeln zu vermitteln, selbst die größten Schwierigkeiten mit ihren eigenen Regeln haben. Also werden diese auf andere projiziert: Du sollst schaffen, wozu ich zu schwach bin, es mir aber nicht eingestehen will. Versagt der andere, wird er mit Strafen belegt, die der eigenen Person gelten sollten.

Religion beruft sich auf die höchste Instanz menschlichen Denkens, die Dimension des Unsichtbaren, nicht Fassbaren. Etwas, was nicht zu widerlegen ist, weil es um Gott geht. Die abgeleiteten Regeln sind aber von Menschen geschaffen. Ich glaube einfach nicht, dass Gott so denkt. Aber wie dann?

Grundsätzlich nehme ich bei mir und anderen wahr, dass wir oft eine merkwürdige Scheu haben, außerhalb von Räumen, die dafür vorgesehen sind, über Glauben und spirituelle Gedanken zu sprechen. Das ist etwas sehr Persönliches, Intimes. Zumindest, wenn es um den christlichen Glauben geht. Das passt nicht mehr in die heutige aufgeklärte Zeit. Nun bin ich auf einem Pilgerweg und dankbar für die äußere Ruhe auf meinem inneren Weg. Mit meinem Glauben wird das nichts zu tun haben, da bin ich mir sicher, die Tür ist zu.

Die Sache mit der unbefleckten Empfängnis

Hier, in den spanischen Pyrenäen, habe ich die Münze mit Maria in meiner Hosentasche. Wie oft stecke ich jeden Tag meine Hand in diese Tasche, wie oft fühle ich sie, wie oft denke ich: „Maria" – und bin mir dessen nicht bewusst, was sie für mich bedeutet.

Dann stehe ich wieder in einer Kirche, sehe ihre Abbildung, und die Widerstände kommen hoch. Vor zweitausend Jahren war die Jungfrauengeburt ziemlich in Mode. Auch andere Kulturen, besonders die römische, nahmen sie für sich in Anspruch. Aus der Vereinigung eines Gottes mit einer Jungfrau entstand ein Kind. Diese Art der Zeugung wurde oft als Beweis dafür betrachtet, dass das so empfangene Wesen nur ein Gott sein könne. Die volkstümliche Geburtsgeschichte Buddhas wird übrigens ähnlich erklärt...

Anders bei Maria, hier gibt es keine Vereinigung, keine Hingabe an einen Körper, kein Eindringen. Die Jungfrau empfängt anders. Sie ist schon seit ihrer Empfängnis rein, unbefleckt von Sünden und bleibt rein, auch nach der Empfängnis Jesu. So die Auslegung. Fünfhundert Jahre später stellt die Institution Kirche, vertreten durch eine männliche Diskussionsrunde, fest, dass Marias Hymen bei und nach der Geburt Jesu intakt war. Sie empfängt Jesus unbefleckt und ist auch nach seiner Geburt ohne Sünde. Maria ist die einzige Frau ohne Erbsünde, mit der doch alle Menschen nach dem Verständnis der Kirche auf die Welt kommen, die durch die Vereinigung von Mann und Frau gezeugt wurden. Also muss sie bereits unbefleckt empfangen worden sein. Sie ist der einzige Mensch ohne Erbsünde und der einzige sündenfreie Mensch.

Was dann wieder die Frage aufgeworfen haben soll, wenn Maria unbefleckt empfangen wurde … ob vielleicht Marias Mutter (das soll die Heilige Anna gewesen sein) schon ohne Erbsünde war … denn wie wäre sonst Maria ohne Erbsünde, wenn ihre Mutter… dann wäre doch Marias Großmutter vielleicht auch … aber wie sollte sie, wenn nicht schon deren Mutter … Sie sollen sich damals in diesen Diskursen ziemlich verheddert haben. Schade, dass sie nicht weitergemacht haben, irgendwann wären sie doch bei Urmutter Eva angekommen, die zwar unbefleckt zur Welt kam, aber den ganzen Ärger mit der Erbsünde initiiert haben soll. Vielleicht hätten die Kirchenväter die Genesis umschreiben müssen, wenn sie so weitergemacht hätten. Es gibt auch heute Gläubige, die fest davon überzeugt sind, dass der Heilige Geist diese tiefen Wahrheiten auch nach Jahrhunderten noch vermitteln kann, dass die Zeit, die seitdem vergangen ist, keine Rolle spielt. Vielleicht ist das ja so, wer weiß es schon, wer kann es glauben?

Fakt ist aber, dass ein gewaltiges kirchliches Drei-Klassen-System für Frauen entstanden ist. In der ersten nur Maria, in der zweiten jungfräulich Gebliebene, in der dritten alle anderen Frauen. Indem die Frau *befleckt wird,* entsteht neues Leben. Wie bizarr. Es gab Zeiten, da mussten Frauen erst von dieser Schuld gereinigt werden, bevor sie mit ihrem Kind zur Taufe gehen konnten. Zweitausend Jahre sind vergangen, die Aufklärung liegt lange hinter uns, die Erde ist eine Kugel geworden, aber wenn Menschen heute gefragt werden, welche Inhalte ihr christliches Glaubenssystem hat, nimmt die Jungfrauengeburt einen der vorderen Plätze ein.

Warum dieses Festhalten? Ist es der Wunsch nach der Wiedererlangung der verloren gegangenen psychischen Unschuld, die Projektion von Wünschen auf ein anderes Wesen? Wie alt mag Maria gewesen sein, als sie schwanger wurde? Vielleicht dreizehn, glaubt man den Quellen über die jüdische Gesellschaft. In diesem Alter ist eine Sache noch gut oder schlecht, schwarz oder weiß. Es gibt noch ein bedingungsloses Ja. Die Ideale haben noch Kraft, das sich Einlassen auf Unbekanntes ist fast noch ein Spiel, weil die Unschuld die Konsequenzen des eigenen Handels nicht bedenkt.

Innere Unschuld hat etwas zu tun mit Hingabe, ohne Wenn und Aber, mit Neugier und dem Sehen, was ist. Das ist die Weisheit der Kinder. Wir verlieren diese Unschuld, wenn wir älter werden, glauben zu wissen, wie die Dinge wirklich sind, und halten diese Vorurteile für die Wahrheit, vertrauen auf die Regeln der anderen. Wir lernen, uns anzupassen, zu taktieren, wollen einen akzeptieren Platz im Leben, manche einen noch besseren im Himmel.

Genies und Kinder missachten Regeln und Vorurteile, stellen neue auf. Wir können viel von ihnen lernen. …*wenn ihr nicht werdet wie die Kinder, so werdet ihr nicht ins Himmelreich kommen.* (Matt. 18,3)

Nach heutigen Gesichtspunkten war Maria noch fast ein Kind, und aus dieser Unschuld heraus konnte sie bedingungslos ja sagen, unbefleckt empfangen – ihrem Gott bedingungslos vertrauen. Heidnische Göttinnen werden in der Mythologie oft als jungfräulich bezeichnet, obwohl sie durchaus Liebhaber hatten. Es war ein Zeichen von Selbstbestimmung. Sie verschmähten die Männer nicht, aber die dauerhafte Gemeinschaft mit einem. Dadurch blieben sie unabhängig, lebten ihr göttliches Leben, ohne sich anzupassen, folgten ihrer eigenen Mission. Das eint sie mit dem Kind Maria. Und so wird aus der *Jungfrau* eine *junge Frau*. Alles eine Sache der Übersetzung, sagen die einen, und nennen dafür Belege in der Urschrift. Die anderen glauben.

Ein Fenster öffnet sich

Am siebten Tage aber sollst du ruhn. Es wird auch Zeit, Regen und Matsch haben mich zermürbt, und ich möchte mal wieder für mich allein sein. Somit scheiden Refugios aus, denn in denen kann man immer nur für eine Nacht sein. Walther und ich wählen ein Hotel in der Null-Sterne-Kategorie mit Ausblick auf desolate Hinterhöfe im Regen. Das Bett ähnelt einer Hängematte. Geheizt wird am Morgen und am Abend für jeweils eine Stunde. Aber es ist ein Einzelzimmer, und der Rucksack bleibt für einen Tag in der Ecke stehen.

Am nächsten Tag betrete ich die Kirche mit Proviant-tüten, will nur schauen, wie es hier drinnen aussieht, und sofort schlägt mir warme Luft entgegen. Eine beheizte Kirche, wunderbar, nach meinem klammen und kalten Hotelzimmer. Sie ist schön, wird bewohnt, das ist spürbar. Es gibt frische Blumen in riesigen Vasen, und ihr Duft steigt mir süß und frisch zugleich in die Nase. Viel Gold, ein Triptychon im Mittelteil, an den Seiten die Heiligen, eine holdselig lächelnde Maria auf der rechten Seite, das Übliche.

Die Messe hat gerade begonnen. Warum sich nicht einfach hinsetzen, dabei sein? So tun, als gäbe es irgendetwas, zu dem ich gehöre. Es ist die Zeit zwischen Mittag und Abend. Die Kirche ist gut besucht. Ich verstehe nicht, was der Priester vorne sagt. Wahrscheinlich ist das auch besser so. Irgendwann geht es doch in jeder Predigt um Sünde und Schuld, Buße und Vergebung. Was habe ich getan, dass ein Mensch dafür so brutal am Kreuz sterben musste? Ich bin kein Engel, weiß Gott nicht, aber wie groß ist meine Schuld? Groß genug für dieses Opfer? Da stirbt ein Mensch für mich, damit mein Sündenkonto getilgt wird, das habe ich nicht gewollt. Weder seinen Tod, noch das Abtragen meines Sündenberges. Es gibt Dinge, die sind nun einmal geschehen. Ich kann es auch gut so stehen lassen und mit der Erinnerung daran weiter leben. Vergebung am Kreuz ist keine Gnade, mehr ein Druckmittel. Ich habe mich klein zu fühlen, schuldig und dankbar.

Das Kreuz lässt mich immer wieder zurückschrecken. Es ist das Symbol für Qualen. Wie viele Menschen sind am Kreuz und im Zeichen des Kreuzes gestorben? Noch vor dreihundert Jahren wären Frauen als Hexen verbrannt worden, weil sie etwas taten, was heute ganz normal ist: Heilen, Wahrsagen, mit einer schwarzen Katze allein zusammenleben. Für solche Gedanken, wie ich sie gerade habe, ganz sicher auch.

Welch eine Symbolik: hier das Kreuz mit dem Leid, dort der lächelnde Buddha. Hier die düsteren Christus-Skulpturen mit realistischen Zeichen der Folter am Körper, dort ein dicker, glücklicher meditierender Buddha. Hier die Dornenkrone und Blutspuren, dort Gelassenheit und Ruhe. Und doch ist ihre Botschaft die gleiche: Liebe ist die stärkste Macht auf Erden. Schwer zu glauben. Was hat die Institution Kirche aus dieser Botschaft gemacht?! Woher mag das Gold stammen, das hier verarbeitet worden ist, von welchen Beutezügen der Konquistadoren in welchem Teil Südamerikas? Im Namen von Krone und Kreuz haben sie zusammengerafft, was nur eben ging. Und zu allem gab die Kirche ihren Segen. Es fällt nicht nur schwer, den Glauben von der Institution Kirche zu trennen, auch die Gegenwart von der Vergangenheit, die politischen Aktivitäten vom Inhalt der Lehre.

Die Gemeinde singt, der Priester scheint einen Segen auszusprechen. Ich bin tief in meiner Abwehr versunken. Das Einzige, was das Hiersein lohnt, sind meine warmen Füße. Also neige ich meinen Kopf, weil es hier alle tun und schaue auf meine Hände, lasse die Abwehr los, höre den Klang der Stimme und versuche, mit meinen Gedanken im Jetzt zu bleiben.

Plötzlich taucht eine Hand in meinem Gesichtsfeld auf, nähert sich meinen Händen, eine ausgestreckte, kurze, breite, kräftige, schwielige Männerhand. Ich schrecke auf, schaue hoch. Mein Vordermann hat sich auf seiner Bank umgedreht und hält mir die Hand hin. Irritiert schaue ich um mich. Zu meiner Rechten und Linken geben sich die Menschen die Hand. Erst jetzt ergreife ich die mir dargebotene, schaue in das dazugehörige Gesicht und sehe ein kurzes Aufblitzen in den braunen Augen eines Mannes, der viel draußen arbeitet, wie man sieht. Zaghaft und unsicher ergreife ich seine, Hand und fühle die Schwielen beim kurzen Händedruck. Ein Mann, der vielleicht gerade noch gearbeitet hat, jetzt sitzt er hier und gibt einer fremden Frau die Hand. Ich bin ganz gerührt. Meine Nachbarin schaut mich an, lächelt und gibt mir ebenfalls ihre Hand.

Ich gehöre dazu, sie haben mich einfach aufgenommen. Sie geben mir ihre Hand und damit Wärme und Verbundenheit, dabei habe ich sie, mich und das, was hier passiert, gerade abgewertet. Ich war froh, nicht verstehen zu können, weil ich dadurch meinen Widerständen für kurze Zeit ausweichen konnte, so war mein Herz offen. Dort hat mich diese Hand erreicht, an der Stelle, die so weh tut, so voller schlecht verheilter Wunden ist. Ich kämpfe gegen die Tränen in meinen Augen. Bloß nicht heulen jetzt. Das geht hier wirklich keinen etwas an, wie es mir geht, ich will kein Mitleid, ich will Distanz. Ich bin nicht bereit, jemanden in meine Einsamkeit schauen zu lassen, weil ich nicht über die Vergangenheit sprechen will, mein Heulen selbst nicht mehr ertragen kann, es ein Ende haben soll.

Beim Rausgehen fällt mein Blick zur Seite, auf Maria. Es ist dunkel in ihrer Ecke, ich kann sie nur schemenhaft erkennen. Sie lächelt ihr geheimnisvolles Madonnenlächeln, irgendwie entrückt und doch ganz zugewandt. Ein Impuls sagt „geh zu ihr". Aber ich entscheide mich dagegen, warum sollte ich. Sie ist doch nur eine Statue.

Maria mit dem Kinde

Walther und ich trennen uns nach 180 Kilometer in Puenta la Reina auf der Brücke über den Rio Arge sehr stilvoll genau auf der Mitte. Wir nehmen uns in den Arm, danken uns gegenseitig für die Zeit, die wir miteinander verbracht haben, und die gegenseitige Unterstützung bei der Wanderung. Als ich die Brücke wieder verlasse und mich umsehe, ist er bereits meinen Blicken entschwunden. Ich bin mir sicher, wir werden uns auf dem Camino nicht mehr sehen.

Während Walther seinen Weg fortsetzt, mache ich zunächst drei Tage Pause und fahre nach Pamplona, um auf Angelika zu treffen, die erst jetzt aus Deutschland anreist. Wir wollen gemeinsam nach Puenta la Reina fahren, wo sie ihre Wanderung beginnen will und ich meine fortsetzen werde. Ich wähle ein schönes Hotel in Citylage mit Lounge, einem charmanten Mitarbeiter an der Rezeption, der perfekt englisch spricht und den Fahrstuhl. Das Zimmer ist warm, das Wasser heiß, die Handtücher kuschelig – perfekt. Hier halte ich es aus. Außerhalb des Hotels friere ich erbärmlich, nur lausige 11°, dabei ist jetzt schon Anfang Mai.

Auf meinen Streifzügen durch die Stadt wärme ich mich lange im Museum neben der Kathedrale auf. Bei besserem Wetter hätte ich diese Abteilung vielleicht nur mit einem Blick gestreift, so aber stehe ich lange vor einer Ansammlung von Marien mit dem Kinde aus vergangenen Jahrhunderten. Die Skulpturen sind aus Holz, farbig bemalt, die Gesichter platt und nichtssagend. Maria ist meist breithüftig, schmalbusig und asexuell dargestellt. Das Jesuskind hat einen kleinen, dicklichen, wohlgenährten Körper und die Gesichtszüge eines Erwachsenen. Es balanciert die Weltkugel auf der Hand und manchmal auch recht abenteuerlich auf Marias Arm. Nach der Jungfrau in Lourdes jetzt die Mutter in Pamplona. Sie hat dieses Kind gesäugt, gesäubert, gepflegt, gefüttert, behütet. Und sie hat mit im gespielt, gesungen, gelacht, geschmust, geschimpft, bestimmt auch mal geknufft. Es wird nicht immer ganz konfliktfrei zugegangen sein in der ersten christlichen Familie.

Das Gemälde von Max Ernst kommt mir in den Sinn: Bei den Nazarenern gibt's Zoff. Die Nachbarn schauen zum Fenster rein und auf eine häusliche Szene. Eine schöne, stolze Frau im leuchtend roten Kleid, vollbusig, mit Dekolletee hat ihren Filius übers Knie gelegt. Einen Blondschopf, auf dessen Hinterteil sich schon eine zarte Rötung zeigt. Die Frau hat die Hand zum nächsten Schlag erhoben, ihr Gesicht drückt ruhige Entschlossenheit aus, über ihrem Kopf schwebt ein schmaler Heiligenschein. Das Kind windet sich auf ihren Knien, sein Heiligenschein, ist etwas kräftiger, liegt aber jetzt in der Ecke.

Diese Skulpturen hier sind viele Jahrhunderte vorher entstanden, mit dem Darstellungsvermögen der damaligen Zeit und dem Selbstverständnis dieser Gesellschaft in Bezug auf Frauen. Die liebende, fürsorgliche, gebende, schweigende Frau. Hat sich da wirklich so viel geändert? Ich gehöre zu den privilegierten Frauen: Ich habe die richtige Hautfarbe, die akzeptierte Kreditkarte, die gute Ausbildung. Rings um mich herum die gleichen Frauen, auch auf dem Camino, in den Medien, bei meinen Freundinnen. Da entsteht leicht für einen Moment der irrige Eindruck, es habe sich etwas Entscheidendes für Frauen auf der ganzen Welt verändert. Es ist nur ein kleiner Teil von uns. Überall auf der Welt werden Frauen benutzt, um Systeme zu stabilisieren, die von Männern dominiert werden. *Ihr*

Frauen, ordnet euch euren Männern unter (Eph. 5,22). Die Mariendarstellungen konfrontieren mich mit Werten, gegen die ich immer noch rebelliere, wahrscheinlich, weil ich ihnen begegnet bin und ihre Konsequenzen kenne: Hingabe und Fürsorge.

Wenn die Anteile des Gebens zu groß werden, kommt es irgendwann zu Abhängigkeiten von Bindungen. Eine Seite gibt Fürsorge, Zeit, Aufmerksamkeit. Die andere übernimmt dafür den Part „Versorgung". Meist geht das nicht auf Dauer gut, weil eine der Seiten meint, wichtigere Anteile zu geben als die andere Seite. Hinzu kommt, dass beide nicht aufhören wollen mit ihrem Part, weil über das Geben Selbstbestätigung eingeholt wird: Ich bin ein guter Mensch! Ich bin wichtig! Ich werde gebraucht! Irgendwann will eine Seite die Macht und steigt aus dem System „Geben und Nehmen", das auf Gleichheit beruht, aus und verlangt Dankbarkeit und Unterordnung. Das System, das freiwillig und mit Liebe so gut funktionierte, gerät aus dem Gleichgewicht.

Hingabe und Fürsorge haben heute den Geschmack von Abhängigkeit bekommen, wenn das eigene Wohl weniger wert ist als das eines andern Menschen, wenn an einer kranken Beziehung festgehalten wird, obwohl sie die Beteiligten krank macht. Dann sind oft zwei Bedürftige zusammen. Einer ist süchtig nach Anerkennung, Geld, neuen Kicks oder was auch immer, der andere ist süchtig nach dem Partner. Dabei geht es doch gar nicht ohne Fürsorge, wenn die Kinder klein sind, jemand krank, bedürftig ist. Es ist wohl mehr eine Frage der Dauer.

Immer wenn ich mit Maria konfrontiert werde, denke ich zuerst an den Geschlechter-Konflikt. Wahrscheinlich, weil sie uns Frauen als leuchtendes Beispiel präsentiert wurde. Ist vielleicht auch Konkurrenzdenken mit im Spiel?

Irgendetwas zieht und ruft mich seit Beginn meiner Reise immer wieder zu dieser Gestalt. Ich war in vielen Kirchen in den letzten Tagen, und immer hat Maria meine Aufmerksamkeit auf sich gezogen. Als Jungfrau, als junge Mutter, als verzweifelte Mutter und als Trauernde. Sie hat auch etwas mit mir zu tun, sie ist eine Frau, die glücklich war und gelitten hat. Durch unser Frausein und die Erfahrungen, die damit verbunden sind, entsteht so etwas wie ein erstes Verständnis für sie. Bei solchen Gedanken fühle ich mich ein wenig konfus, denn gleichzeitig kommen die alten Widerstände hoch gegen die Duldsame und Fügsame. Schluss damit. Also setzte ich meinen Weg durch die Stadt fort, etwas benommen noch.

Ich glaube, dass es für alles eine Zeit gibt und keine Zufälle. Wenn etwas ansteht im Leben, gibt es kein Entrinnen.

Die Pilgermuschel an den Häusern führt durch Straßen und Gassen. Ich biege um eine Hausecke und stehe auf einem großen Platz, vor dem Rathaus. Menschen bilden eine Kette vor dem Eingang und halten mit trotzigen Gesichtern ein Transparent. Heute morgen im Café habe ich das schreckliche Bild in der Zeitung gesehen. Die ETA hat gestern wieder Blut gefordert. Ein Mann ist ermordet worden. Dies ist eine Schweigeminute gegen Gewalt und

Terror. Vor mir steht eine Mutter mit ihrem Kind. Sie hält es an der Hand, und das Kind vergräbt den Kopf im Mantel der Mutter. Schützend legt die Mutter ihre andere Hand auf den Kopf des Kindes.

Das löst die Tränen in mir. Diese Liebe berührt mich, macht mich weich und durchlässig für Begegnungen. So viel Liebe und Verbundenheit von beiden Seiten, dieses zärtliche Geben und Nehmen, es berührt mich beim Beobachten. Diese Einheit und zärtliche Fürsorge, dieses vertrauensvolle Anschmiegen konnte keine der Mariendarstellungen ausdrücken. Hier ist die Liebe zwischen Mutter und Kind fühlbar, die des Künstlers zu seinem Werk hatte mich nicht erreicht.

Ich bin überzeugt, Maria, du hast diese Liebe von deinem Kind bekommen und ihm auch gegeben.

Luxuspilger

Nur einen Tag später sitze ich in Sandalen und T-Shirt vor dem Café Iruna in der Mittagssonne. Die Stadt hat ihr Gesicht verändert. War es gestern noch grau und abweisend mit hastenden Menschen, die bis zur Nasenspitze warm eingemummelt waren, so bestimmen heute leicht gekleidete Spanier das Straßenbild. Fröhlich und laut schwatzend sitzen sie an den Nachbartischen mit Blick auf die Plaza del Castillo.

Morgen geht es weiter. Der Abschied vom Komfort fällt mir nicht ganz leicht, und ich stöhne in Gedanken, wenn ich an die schlammigen Wege denke. Aber ich habe mir Zeit genommen, das ist Luxus. Ich weiß noch nicht, wann und wie ich zurückkomme, habe keinen Terminplan, der drängt und einengt. Auch das ist Luxus. Für meinen speziellen Luxus bezahle ich auch: kein Einkommen, schwindende Sicherheit, keine Ahnung, ob ich den Einstieg wieder schaffe.

So vieles ist Luxus nach neun Tagen Wanderschaft. Jederzeit hier in Pamplona ein gutes Essen zu bekommen, das beheizte Hotelzimmer, eine Nacht ohne Schnarcher, die warme Sonne. Einiges davon kostet Geld, das verbindet man ja landläufig auch mit Luxus. Andere Dinge gibt es gratis. Dieser kleine Tisch hier mitten in Pamplona in der Sonne mit einem Sherry und der Süddeutschen ist Luxus. Ich kann meine Gedanken treiben lassen oder verweilen, wie immer ich will, kann verschwenderisch mit meiner Zeit umgehen, während andere für mich arbeiten, um es mir hier im Café angenehm zu machen oder mir die Zeitung von gestern zu liefern.

Mein schönes Hotelzimmer, das ich so begeistert bezogen habe, ist in Deutschland ganz normaler Standard. Ohne die Erlebnisse, die ich in den neun Tagen vorher gehabt habe, wäre ich vermutlich gedankenlos eingezogen. Das Empfinden von Luxus ist wunderbar, aber unbeständig wie alles im Leben. An Luxus kann man sich gewöhnen, dann ist es normaler Lebensstandard. Noch eine Woche in Pamplona und alles wäre wieder wie immer, keine Spur des Besonderen würde übrig bleiben.

Bewusstheit ist mein persönlicher, kostenloser, aber kostbarer Luxus: das Schöne im Augenblick zu genießen und auch bewusst wahrzunehmen als etwas Einmaliges, was so, genau so, nicht wiederkommen wird. Zeit zu haben für dieses Anhalten der Gedanken, um sich dem Augenblick zuzuwenden.

Wie ein Schmetterling, der sich für einen Augenblick auf die Hand setzt und dessen zarte Füßchen die Haut streicheln. Das ist Schönheit, das ist Vollkommenheit – und es ist Vergänglichkeit. Wie alles im Leben, und deshalb so kostbar und besonders wie jede Sekunde im Leben und die Sekunde der Ewigkeit, die wir unser Leben nennen. Festhalten wäre Stillstand, und Stillstand ist Sterben.

Angelika kommt direkt aus der Arbeit auf den Camino, unvorbereitet, mit einem riesigen Rucksack, gestresst, aber voller guter Laune und Vorfreude. Ich freue mich auf unsere gemeinsame Zeit. Von nun an werde ich bestimmt nicht allein sein – denke ich.

Also machen wir uns am nächsten Morgen auf den Weg. Mir ist nach diesen ersten Tage das Wandern vertraut. Mein Auge hat sich an die gelben Pfeile gewöhnt, die uns den Weg weisen. Auf Steinen, an Bäumen, Häusern, Straßenschildern. Das Gewicht des Rucksacks ist zur Gewohnheit geworden, das Laufen geschieht ganz automatisch, ohne Anstrengung. Ich kann meine Kondition recht gut einschätzen, und nachdem ich mir bewusst geworden bin, dass die Hängematte für mich reizlos ist, wähle ich die Entfernungen dementsprechend. Für Angelika ist alles neu. Also werde ich in den nächsten Tagen langsamer gehen, mein Tempo ihrem anpassen, mich zurücknehmen. Meine Betrachtungen über das Luxus-Leben hier führen in der folgenden Zeit dazu, dass ich andere Menschen auf dem Camino unter dem Blickwinkel des ersten Eindrucks in handliche Kästchen verpacke. Mit zunehmender Verweildauer auf dem Camino wird sich das Bild differenzieren, vollständig werden. Schauen wir doch mal, wer alles so auf dem Weg unterwegs ist.

Da sind zunächst einmal die Luxus-Pilger. Sie übernachten in Hotels, Refugios oder unter dem Sternenzelt, genießen die Zeit, verlassen oft als Letzte das Refugio, schätzen Spanische Küche und Spanische Weine, trinken nach dem Essen zum Espresso einen Digestif und rauchen schon mal eine Zigarre oder Zigarette dazu. Sie essen abends und manchmal auch mittags exorbitant und kommen mehr oder weniger voran. In dieser Kategorie sonnen sich viele Spanier, Brasilianer und andere Genussmenschen.

Eil-Pilger sind die, die am Morgen noch vor der Dämmerung aufstehen. Sie packen in aller Eile, wie es der Name bereits sagt, ihren Rucksack und stürmen von dannen, um nach vielen ereilten Kilometern früh das nächste Refugio zu erreichen, wo sie dann völlig ermattet darniederliegen und für Stunden außer Gefecht gesetzt sind.

Plastiktüten-Pilger haben vermutlich jeden Gegenstand einzeln in Plastiktüten eingewickelt. Vielleicht finden sie das besonders ordentlich. Das Verpacken eines Rucksacks nimmt minutenlange Knisterzeit in Anspruch. Die Mitglieder dieser Gruppe schaffen es mit Leichtigkeit, in einem Schlafsaal die Aggressionen zum Leben zu erwecken.

Parador-Pilger tragen ihren Namen nach der gleichnamigen Fünf-Sterne-Hotel-Kette. Sie sind stets makellos gekleidet. Ihr schweres Gepäck lassen sie transportieren, und spätestens zum Tee erscheinen sie frisch gestylt in der Lobby besagter oder vergleichbarer Hotels. Es gibt nicht sehr viele dieser Hotels auf dem Weg. Wahrscheinlich sieht man die Pilger deshalb so selten außerhalb der Hotels.

Man kann sie gar nicht verwechseln mit gewöhnlichen Bus-Pilgern, die kurz vor Santiago vermehrt auftauchen werden. Diese schlafen ebenfalls in Hotels. Gepäck, Lunchpakete und Fußkranke führen sie im Bus mit. Oft werden die Gruppen von christlichen Vereinigungen organisiert und begleitet. Auf dem Camino erkennt man sie am beschwingten Gang, den weißen Beinen und dem kleinen Tagesrucksack auf dem Rücken.

Die Gruppe der Nachteulen-Pilger ist relativ klein. Da in den meisten Refugios spätestens um 22.30 Uhr das Licht rigoros ausgemacht und die Eingangstüren verschlossen werden, stellt sich von selbst die Bettruhe ein.

Auch die Gruppe der So-tun-als-ob-Pilger ist klein, dafür aber umso auffälliger. Das Gerücht über ihr Nahen ist meist schon Tage vor ihrem Erscheinen unterwegs. Sie fahren mit dem eigenen Auto, dem Bus oder Taxi von einem Refugio zum nächsten. Kurz vor ihrem Ziel stellen Sie das Auto ab, laufen die letzten Meter mit Rucksack und genießen dort den Vorzug einer fast kostenlosen Übernachtung mit Dusche. Sie bekommen immer ein Nachtquartier im Refugio, weil sie meist noch vor den Eil-Pilgern an Ort und Stelle sind.

Fahrrad-Pilger sind eine Gruppe für sich. Die Geschwindigkeit, mit der sie vorankommen, lässt nur flüchtige Begegnungen zu.

Fuß-Pilger wollen die gesamte Strecke zu Fuß laufen – und tun es auch. Ohne Rucksack auf dem Rücken bewegen sie sich steif, und bei jedem Aufstehen stöhnen sie – zumindest auf den ersten 400 Kilometern.

Fifty-fifty-Pilger gehen mal zu Fuß, mal fahren sie ein Stück mit dem Bus oder Taxi. Es gibt solche und solche. Die einen reden darüber, die anderen (ver-)schweigen schamhaft.

Der Chor der Schnarcher verteilt sich über alle Schubladen und lässt manchen Pilger von Zeit zu Zeit zum Luxuspilger werden. *Ich brauche unbedingt mal wieder eine ungestörte Nachruhe,* habe ich oft gehört.

Die Kilometer-Pilger, sind die, deren erste persönliche Aussage über sich selbst die Anzahl der gelaufenen Kilometer ist. Detailliert nach heute Vormittag und heute Nachmittag. Danach folgt unweigerlich der exakte Ankunftstag in Santiago.

Die Zugehörigkeit zu den Gruppen ist fließend und kann sich je nach Ort und Gegebenheit verändern. Die Mitgliedschaft in einer Gruppe schließt nicht unbedingt die in einer anderen aus. Das kann schon mal zu Spannungen führen, wenn ein Eil-Pilger sich als Plastiktüten-Pilger outet. Aber die Menschen auf dem Camino zeichnen sich durch ein hohes Maß an Toleranz aus. Jeder macht den Weg auf seine spezielle Art und Weise und dabei die Erfahrungen, die für ihn wichtig sind habe ich oft gehört und selbst gesagt - spätestens nachdem wir unserem Ärger Luft gemacht hatten.

Peregrinos

Wie wird es den Pilgern ergangen sein, die hier vor tausend oder fünfhundert Jahren ihren Weg gegangen sind? Keine Markierung auf den Wegen, keine absolut wind- und wasserdichten Jacken und Hosen, kein komprimiertes Kraftfutter im Rucksack. Auch kein Reiseführer im Gepäck, der einem genau sagt, wo es wieder zu essen und zu trinken gibt, wo die nächste Herberge liegt. Wagemutig müssen sie gewesen sein, die ersten Pilger. Getrieben von dem Wunsch, schwere Sünden zu büßen, begaben sie sich in bedrohliche Situationen. Nicht wenige werden dabei ihr Leben gelassen haben, unter ihre Vergangenheit einen Schlussstrich zu ziehen, damit sie auf Erden und im Himmel mit neuen Vorzeichen beginnen konnten.

Aber welche Möglichkeiten gab es für Menschen aus dem Volk, die mehr erleben wollten als das Auf und Ab der Jahreszeiten im eigenen Sprengel zwischen Geburt und Tod? Was konnten sie tun, die Abenteurer der vergangenen Jahrhunderte? Die regelmäßig im Frühling die Sehnsucht verspürten, auf die Reise zu gehen, um von der bunten Welt etwas zu sehen? Über viele Jahrhunderte gaben Krieg und/oder Religion den ewig Sehnenden und Unruhigen die Erlaubnis für große Abenteuer. Sie traten eine Pilgerreise an oder pilgerten *an Büßers statt*. Reiche Leute, die wichtig und unabkömmlich waren, konnten es sich leisten, büßen zu lassen, um ihren Geschäften weiter nachzugehen, mit denen sie das Geld verdienten für ihren Pilger.

In Momenten mit solchen Gedanken fühle ich mich verbunden, ohne zu wissen, mit wem. Mir ist, als sei ich in einen Fluss eingetaucht, der mich voranträgt, und neben, vor und hinter mir sind Menschen aus vielen Jahrhunderten. Ihre Gefühle gehen auf mich über, und ich lasse andere teilhaben an meinen Empfindungen. Ich bin nicht die Erste, die Seelenballast abwerfen will. Auch wenn ich es nicht Sünde, sondern Abhängigkeit nenne.

Die Zeit wird aufgehoben. Es gibt kein Gestern oder Morgen, nur den Camino. Und da sind alle mit mir vereint, die, wann auch immer, diesen Weg gegangen sind oder gehen werden. In solchen Momenten ist es gleichgültig, aus welchen Motiven jemand geht. Was zählt, sind die Mühen des Weges und der Wunsch, dem eigenen Ich zu begegnen.

Heute kommen die Pilger aus ganz Europa, Nord- und Südamerika, Neuseeland und Australien. Sie gehen zu Fuß, sie nehmen das Fahrrad, das Auto, den Bus, sie fahren im Rollstuhl. Sie starten allein oder in Gruppen. Manche tragen zwanzig Kilo auf dem Rücken, andere fast gar nichts, wieder andere lassen ihr Gepäck per Bus, Taxi oder Muli transportieren. Wenige habe viele Monate Zeit und starten zu Hause in Amsterdam, Genf, Warschau oder wo auch immer. Viele bewegen sich in Etappen von ein oder zwei Wochen, jedes Jahr wieder ein Stück weiter. Für einige ist es ein Lebenstraum mit langer Vorbereitung, für die wenigsten eine schnelle Entscheidung aus dem Bauch heraus. Viele starten einmal, andere kommen mehrmals an.

Manche tragen das Kreuz auf der Zunge, viele im Herzen. Einige sprechen nicht darüber, was und an wen sie glauben, aus anderen spricht ein Buddha. Für die einen ist es Pilgerschaft, für die anderen Wanderung mit Leistungsaspekt. Es gibt die, die es für ihr Seelenheil tun, genau wie jene, die es für ihren Körper tun. Sie überwinden Hunderte von Kilometern, manche tausend und mehr, andere fast nichts, und alle können sie die begehrte oder verschmähte Compostela, die Pilgerurkunde in Santiago, bekommen. Sie übernachten in den Schlafsälen der Refugios in quietschenden Betten im Chor der Schnarcher, genießen die Gemeinschaft, das Ursprüngliche und sind sparsam mit ihrem Geld. Sie wählen Herbergen und rollen abends ihre Schlafsäcke aus oder schlafen in Hotels, um mehr Abstand und Komfort zu genießen. Jeder ist auf dem Weg auf seine eigene Art und Weise.

Der Spiegel

Mit der besten Freundin eine so lebendige Stadt wie Logroño zu erkunden, ist Genuss pur. Reiseführer wissen über diese Stadt kulturell nicht viel zu berichten. Das mag sein. Wer aber gern in das Leben eines fremden Landes eintaucht, für den ist die Stadt prickelnd wie ein Whirlpool. Es gibt schöne Geschäfte, Kosmetik-Tempel, Kaufhäuser und schmale Gassen mit vielen Blumen vor den Fenstern, Restaurants im ersten Stock mit Blick auf das turbulente Wochenendgeschehen.

Es lohnt sich, in größeren Städten Refugios zu meiden und im Hotel zu schlafen, ohne asketische Reglementierung, allerdings auch mit geringerem Kontakt zu anderen Pilgern.

Am Tag und am Abend laden große Plätze zum Sehen und Gesehenwerden ein. Eine Hochzeitsgesellschaft formiert sich. Ich wünsche den beiden in Gedanken eine glückliche und liebevolle Beziehung. Natürlich tauchen in solchen Momenten Bilder auf, die lange zurückliegen und traurig machen, weil sie nicht mehr sind. Dann kommt der Zorn über Verletzungen, später die Selbstvorwürfe: Wieso habe ich das so lange mitgemacht? Es ist noch ein weiter Weg, nicht nur auf dem Camino.

Die Aufregungen einer schönen Stadt sind eher für Ablenkung als für Verarbeitung geschaffen. Was liegt da näher, als ans Essen zu denken. Entlang des Jakobsweges gibt es wunderbare Kuchen, Torten, Gebäckstücke, Kekse. Nicht zu süß. Sehr, sehr lecker. Und es gibt Tapas! Hier in Logroño sind Minibrötchen mit Schinken der Region die Spezialität eines Restaurants. Ich glaube, ich bin die einzige Pilgerin in meinem Umfeld, die nicht abnimmt bei der Wanderung. Allerdings wird mein Körper merklich straffer. Auch nicht schlecht.

Nach zwei Tagen Genuss geht alles sehr schnell. Der Ärger beginnt. Der Auslöser ist vermutlich nebensächlich, die Verletzung tief. Eine Woche habe ich meinen Bewegungsdrang gebremst oder ihn allein ausgelebt. Nun muss ich mir anhören, dass ich die ganze Zeit die allein Bestimmende war. Ich fühle mich total ungerecht behandelt. Nein, ich werde mich jetzt nicht auch in den Bus setzen und meiner vorauseilenden Freundin hinterherfahren. Diesen Weg werde ich zu Fuß gehen.

Jetzt heißt es wieder Abstand halten, faule Kompromisse vermeiden. Lieber allein bleiben, bis im Kopf das wütende Rad aus Vorwürfen und Rechtfertigungen zum Stillstand gekommen ist. Da ist die Distanz gut, einen Schritt zurücktreten, eigene Anteile erkennen. Schade, es war gerade so schön. Ich scheine eine Meisterin im Wegschauen zu sein. Sonst hätte mir doch vorher schon auffallen müssen, dass sich schlechte Stimmung zusammenbraut. Und meine Gedanken über Führsorge hätte ich besser auch auf meine momentane Situation beziehen sollen. Wieder pendele ich zwischen Ärger und Selbstvorwürfen. Wie leicht ich doch die Begriffe Schuld und Sünde ablehnen kann. Dabei drücken Selbstvorwürfe das Gefühl eigener Schuld aus.

An einem anderen Menschen etwas wahrzunehmen ist, als würden wir in einen Spiegel sehen. In den Spiegel zu sehen heißt aber, sich selbst zu sehen. Wir können nur wahrnehmen und benennen, was wir schon kennen. Der Irrtum, dem wir oft unterliegen, ist die Annahme, der andere sei die Ursache für unseren Ärger. Dabei können andere nur das auslösen, was bei uns zum Ärger führt. Nicht mehr und nicht weniger. Wie wir sein Verhalten interpretieren, ist allein unsere Angelegenheit.

Damit sind wir wieder bei uns. Sollten auf uns selbst schauen, auf unsere Wünsche, die nicht befriedigt werden, unsere Werte, die in Frage gestellt werden. Immer wieder ist jemand da, der mir einen Spiegel vorhält, damit ich mich mit meinen Anteilen beschäftigen kann. Das heißt nicht, die eigenen Gefühle zu negieren. Wenn schon ärgern, dann aber richtig und heftig. Ärger ist doch nichts anderes, ein Gefühl, das kommt und geht. Vor einer Stunde ging es mir noch gut, jetzt ärgere ich mich, in wenigen Minuten geht es mir wieder gut. Mehr nicht. Na ja, dafür bedarf es einiger Übung – und jetzt übe ich gerade wieder.

Bevor wir nicht unsere dunkle Seite annehmen, die der andere zum Klingen gebracht hat, akzeptieren, dass wir nun einmal so sind, und uns selbst den Unsinn verzeihen, den wir gesagt und gemacht haben, wird kein Friede in uns herrschen. Dabei ist es völlig nebensächlich, wie der andere damit umgeht. Das ist nicht wichtig für das Selbst.

Wir brauchen diesen Spiegel für unsere Entwicklung, um auf unserem Lebensweg voranzukommen.

Unter diesem Gesichtspunkt sind Menschen, die uns begegnen, mit Aufgaben verbunden, die wir zu lösen haben, wenn wir uns weiterentwickeln wollen. Unter diesem Blickwinkel verliert vieles an Gewicht, was doch so groß und erdrückend erschien.

Leicht gesagt, unsere angenehmen Eigenschaften, die durch andere hervorgebracht werden, sehen wir mit Vergnügen, aber wer stellt sich schon gern seiner dunklen Seite. Wer sagt schon leichten Herzens, ja, das kenne ich auch von mir, so bin ich auch. Nicht so ganz allgemein und theoretisch gesprochen: *Klar doch, hat doch jeder Mensch, hab' ich auch.* Sondern konkret auf eine Situation bezogen, einem bestimmten Menschen gegenüber. Da ist es meist der andere, der diese Eigenschaften besitzt, nur wir nicht. Wir selbst sehen uns eher als Opfer der Umstände: bei der Arbeit, in Beziehungen, in der Familie, bei Freunden, in größeren Zusammenhängen erst recht: Parteien, Volksgruppen, Staaten.

Wer seine Schwächen liebevoll annimmt, für den Anfang reicht auch zähneknirschend, kann das auch beim anderen. Nur das, was wir an uns wahrnehmen und akzeptieren, können wir verändern. Es gibt nur einen Menschen, den du ändern kannst: dich selbst. Alles andere ist Zeitverschwendung. Zeige mit dem Finger auf einen Menschen, drei Finger zeigen auf dich.

Allein oder einsam

Es ist nicht gut, dass der Mensch alleine sei, sagt die Bibel und legt damit einen tonnenschweren Grundstein für Probleme und Verwicklungen. Ganze Bibliotheken könnten mit Büchern gefüllt werden, die sich damit beschäftigen, warum Zwei- und Dreisamkeit so schwierig ist und der Mensch sich in größeren Gruppen auch nicht leichter tut. Teil zwei dieser Bücher ist dann immer die Handlungsanweisung zum Glück.

Eltern lebten uns vor: Zweisamkeit ist gut, mein Kind. Alleinerziehende Mütter und Väter tun sich zerknirscht mit anderen zusammen, um den Mangel auszugleichen. Unsere psychische Gesundheit wird unter dem Gesichtspunkt definiert, ob und wie wir mit anderen kurzfristig oder dauerhaft auskommen. Kaum ein Job, bei dem nicht Teamfähigkeit gefordert wird. Wenn wir feststellen, dass das bei uns nicht funktioniert, erleben wir es als Mangel. Irgendwas stimmt nicht mit uns, wenn wir gern allein sind.

Mit diesem *Was, Du willst Dich allein auf den Weg machen?* sind alle Singles auf dem Camino konfrontiert worden, die ich getroffen habe. Es ist nicht nur die größere Gefahr, der Alleinreisende ausgesetzt sind. Du bist nicht vollständig, wenn du allein bist, irgendwas stimmt nicht mit dir, suggeriert die Frage.

Dabei ist doch alles ein großes sprachliches Missverständnis mit dem *...nicht gut, wenn der Mensch alleine ist*. Denken Sie, bevor Sie weiterlesen, bitte nicht an zarte Schokoladentäfelchen – – – oder – – – nicht an prickelnden Champagner. Es geht nicht. Unmöglich. Das Bild ist vor unserem inneren Auge und bei einigen werden sogar die Geschmacksnerven reagieren. Unser Kopf kann das Wort NICHT nicht denken. Er streicht das Wort NICHT, was übrig bleibt, ist genau das, was wir NICHT wollen.

Also denken wir weiterhin an verbotene Dinge und tun sie auch. Die Zehn Gebote legen Zeugnis davon ab. Kaum ein Gebot, in dem nicht NICHT erscheint. Kein Wunder, dass die Menschen andere Götter haben, falsch Zeugnis reden und des Nächsten Weib begehren. Unsere Probleme bleiben bei uns, auch wenn wir uns noch so bemühen, NICHT an sie zu denken. Aber es gibt auch Positives: Wir stellen fest, dass es gut ist, wenn der Mensch alleine ist.

Alleinsein auf dem Camino ruft oft Erstaunen bei anderen Pilgern hervor, vor allem bei Gruppen aus Spanien und Brasilien. Für ihre Kultur ist diese Abgrenzung ganz fremd. Manchmal werde ich angesprochen und nach meiner Gruppe gefragt. Anfangs stehe ich zu meinem Alleinsein. Dafür ernte ich mitleidige Blicke und eindeutige Gesten, mich ihnen anzuschließen. Später nicke ich bei der Frage nach meinen Freunden und weise mit unbestimmter Geste nach vorne und zurück. Was auch stimmt. Das ruft offensichtliche Erleichterung hervor, die mit freundlichem Lachen angezeigt wird. Dann zieht die Gruppe laut schnatternd an mir vorbei.

Es ist ein großer Genuss, wieder allein und in der Stille zu sein. Angelika ist zwanzig Kilometer vor mir. Wir halten Kontakt über unsere Handys. Im Notfall könnten wir schnell wieder zusammen sein. Aber das will ich noch nicht. Ich brauche Zeit. Dies ist eine große Chance für mich, grundsätzliche Probleme und immer wiederkehrende Spannungen für mich zu durchleuchten. So kann es nicht weitergehen mit mir. Ich leide darunter, dass ich so impulsiv im Konflikt bin. Das möchte ich verändern. Aber dazu ist es wichtig, zu meinen Wurzeln zu gelangen.

Dazu muss ich diese ganzen Ströme von plappernden Gedanken in mir unterbrechen und in Ruhe bei mir sein. Mit der Zeit gehe ich immer größere Wegstrecken allein auf dem Camino.

Wie wohltuend der eigene Rhythmus, das eigene Tempo, die eigenen Ziele für die eigene Zufriedenheit sind. Ich bin eins mit mir, es gibt keinen Mangel. Nichts, was in solchen Phasen fehlt. Ich bin allein glücklich mit mir. In solchen Momenten komme ich mir näher und meinen Seelenverschlingungen auf die Spur.

Was bleibt von dem Ärger über einen anderen, wenn ich das Gefühl näher betrachte? Wenig vom anderen, aber viel von mir. Zuwendung und Nähe sind nicht einforderbar, nicht mit dem Kopf steuerbar. Zuwendung ist weder durch Geschenke, Anpassung noch durch Bedürftigkeit korrumpierbar. Nähe entsteht und Nähe ist. Dieses Gefühl gibt es nur in Freiheit. Alles andere schafft das Gegenteil des Ersehnten: Distanz.

Das ewige Hin und Her mit Nähe und Distanz. Wie zwei Waagschalen, von denen immer eine schwerer ist als die andere, die einfach nicht im Gleichklang sein wollen. Wir wünschen uns verbindende Gemeinschaft, Verschmelzen, seelische Intimität mit unserem Gegenüber und halten doch die Dauernähe nicht aus. Konflikte, die aus der *Du hast aber gesagt-* und *Du hast angefangen mit-* Thematik entstehen, sind meist Probleme mit einem Maß an Gemeinsamkeit, das für den einen zu viel und für den anderen zu wenig ist. Das macht auf Dauer unzufrieden. Eigene Wünsche und Bedürfnisse werden zugunsten der gemeinsamen Beziehung nicht ausgelebt. Wenn darüber nicht gesprochen, kein gemeinsamer Weg gesucht wird, kommt es zum Eklat.

Auf meinem Weg treffe ich immer wieder zwei Frauen, die sich auf dem Camino das erste Mal gesehen haben und bis zum Ende gemeinsam gehen. Die Symbiose ist nicht zu übersehen. Eine stellt sich dumm, die andere macht auf klug. Unter der Oberfläche brodelt es. Die Spitzen sind unüberhörbar. Trotzdem bleiben beide zusammen. Sie erinnern mich an Ehepaare, die mit der Zeit immer garstiger zueinander werden und sich gegenseitig abwerten. Aber immer noch besser, als allein zu sein – und so verharren sie im Zusammensein und graben sich gegenseitig ihre Lebensenergie ab.

Dieser Gleichklang, der dann entsteht, wenn Menschen den gleichen Abstand zueinander haben wollen, das sind die Phasen reinen Glücks in Beziehungen, gleichgültig, wie nah die Menschen sich sind, ob Freundschaft oder Liebe, ob zwei oder mehrere. Kein Stress, kein Zerren, keine Flucht, kein Einengen. Genießen, was da ist, und loslassen, wenn es vorbei ist. Dummerweise wollen wir halten, was schön ist, statt darauf zu vertrauen, dass es immer wieder schön sein wird, nur eben anders. Der Fluss des Lebens spült uns die Begegnungen an, die wir zum Wachsen brauchen.

Buddha sagt, die Wurzel allen Leidens ist das Begehren, gleichgültig, was es ist. Wie wahr. Dieses dann mit Liebe oder Zuneigung zu verwechseln, ist das Grundübel menschlicher Beziehungen.

Manchmal ist das Höchstmaß an Zuneigung, zu der wir fähig sind, die Distanz zu schätzen, die gerade da ist, und den anderen loszulassen.

Hingabe und Fürsorge

Ich treffe ihn vor einem Kiosk, wo ich mir ein Eis kaufen will. Er sitzt auf der Bank davor, winkt mich heran und bietet mir eine halbe Orange an, die ich gerne annehme. Wir verständigen uns in einem italienisch-spanisch-deutschen Durcheinander. Er hat Probleme mit seinen Füßen und will mir das gleich zeigen, zieht die Schuhe und Socken aus, hält mir seine blutig roten, jodgetränkten Füße entgegen, von denen die Hautfetzen herunterhängen.

Mir wird schlecht, die Orange zieht meinen Mund zusammen und ich würge. Aus seinen Worten entnehme ich, dass er nun mit mir weitergehen will. Oh nein, nicht mit mir! Mein erster Impuls ist Ärger. Ich fühle mich benutzt. Angelockt mit einer Orange, zum Mitleid aufgefordert, um Kontakt zu haben. Nach dem Motto: Jetzt hast du meine Orange angenommen, jetzt kannst du nicht nein sagen.

Dann spüre ich seine Einsamkeit und sein Bedürfnis nach Zuwendung. Es tut mir leid, dass er schmerzende, offene Füße hat und einsam ist. Nur habe ich das Gefühl, als würde eine Krake ihre Fangarme nach mir ausstrecken. Ich fühle mich nicht stark genug, mich darauf einzulassen. Mit diesen kaputten Fußsohlen sollte er auch besser Pause machen. Während ich versuche, ihm das klar zu machen, kommt eine junge Spanierin. Sie hat davon gehört, dass hier ein Pilger ist, der kranke Füße hat. So kommt sie mit ihrem Auto, sucht ihn, um ihn ein Stück mitzunehmen. Ich atme auf und winke den beiden nach.

Wie kommt diese junge Frau dazu? So viel Mitleid mit einem Unbekannten. Gibt es wirklich Altruismus? Als Psychologin zweifele ich daran. Es gibt immer einen Teil in uns, der für sein Handeln Befriedigung erwartet. Ich helfe einem anderen, fühle mich besser, weil ich ihn nicht allein gelassen habe. Bin bei ihm, weil ich nicht will, dass er allein ist in seiner Not, will selbst nicht allein sein in meiner Not. Wenn ich es nicht tue, habe ich ein schlechtes Gewissen, verstoße gegen Ethik, Moral, Recht, meine Maxime, was auch immer. Ein Teil ist immer auch von mir.

Ein hoher sittlich-moralischer Wert, andere zu fördern, andere in den Mittelpunkt des eigenen Lebens zu stellen, aber eng verbunden mit den Begriffen Fürsorge und Hingabe, mit denen ich mich jetzt schon seit Tagen in immer neuen Varianten beschäftige, die so viele Widerstände auslösen, dass dahinter nur etwas sein kann, was Angst macht, geschützt werden möchte – aber was?

Im Buddhismus ist Mitgefühl für alles, was lebt, ein hoher Wert, ein erstrebenswertes Ziel. Fernab von Gefühlsduselei und selbstgerechter Darstellung. Mitgefühl ist Teil der Weisheit, die erkennt, dass Menschen aus Unwissenheit Dinge tun und sich damit in Schwierigkeiten bringen, bei denen andere sagen: Wie konntest du nur?! Und Mitgefühl ist das Fühlen mit anderen, das Aufgeben von Handlungen, die eine Absicht, ein Ziel verfolgen. Deshalb greifen meine Konzepte hier nicht, deshalb habe ich meine Schwierigkeiten mit diesem Begriff. Ich habe gelernt, dass jeder Handlung ein tieferer Sinn zugrunde liegt, auch wenn er für andere noch so verwirrend ist; jeder handelt logisch im Rahmen seines eigenen Systems. Hier geht es um die Handlung – nicht um die Absicht. Irgendetwas fehlt, um den Knoten zu lösen, aber was?

Liebe dich
und deinen Nächsten

Ich habe schon von ihr gehört, bevor wir uns treffen. Es gibt verschiedene Nachrichtensysteme auf dem Camino. In ihrem Fall war das System Vorauseilendes-Wort aktiv. Henny ist die Frau, die gerne allein wandern möchte und nie allein ist, höre ich, bevor ich sie kennen lerne.

Daneben gibt es noch das System Geschriebenes-Wort. In den Refugios liegen Bücher für Mitteilungen aus und an manchen Wegkreuzungen Zettel mit Steinen beschwert. Bisher habe ich mich kaum dafür interessiert, mit Henny wird ein Spiel daraus: Wer findet zuerst die Nachricht für Henny. Alle, die Henny getroffen haben, hinterlassen einige Zeilen mit Grüßen und Tipps für den Weg. Wie es ihnen geht, wann sie hier waren, mit wem sie unterwegs sind. Und immer wieder liebe und herzliche Wünsche für den Camino. Henny freut sich über jede Nachricht wie ein aufgeregtes Kind und erzählt mir von den Begegnungen.

Sie ist ein besonderer Mensch, und die Menschen reagieren auf sie, wie ich es bisher hier auf dem Camino noch nicht erlebt habe. So hält uns ein Mann an, weil er einen Kuss haben möchte – gibt aber schnell auf, als wir lachend weiterziehen. Nur wenige Kilometer später versucht es ein anderer. Henny hat gehört, dass es Glück bringen soll, von einem Pilger geküsst zu werden. Vermutlich macht es noch glücklicher, wenn der Pilger weiblich und so hübsch ist wie Henny.

Wir betreten eine Bar am Weg, um etwas zu trinken und zu essen, sofort verwandelt sich der Wirt von einem kleinen, unscheinbaren Mann zum aufgeregt flatternden Gockel. In Castrojeriz, bei einem Ausflug zur Burgruine, treffen wir oben einen Pilger, für den es nicht reicht, mit uns zu reden. Nein, er möchte auch noch Bewunderung. So balanciert er auf der Brüstung, gestikuliert, mit dem Rücken zum Abgrund, und macht sich wichtig. Mir scheint, Henny lockt diesen Teil im Manne heraus. Ich fühle mich da ganz unschuldig. Aber immerhin kann ich mittlerweile schon wieder darüber schmunzeln.

Henny wirkt auf Männer wie ein Topf mit Honig auf Bären. Obwohl sie schon fast erwachsene Kinder hat, verfügt sie über den liebenswerten Charme eines jungen Mädchens. Das Reizende, Lockende, Unschuldige liegt im zugewandten Blick mit kindlich großen Augen. Jeder meint, sie habe nur Interesse an ihm. Wer hat das nicht gern…?

Sie sieht jede Blume, riecht jeden neuen Duft, fühlt Veränderungen im Licht und staunt wie ein Kind über alles am Weg. Es ist schön, neben ihr zu gehen. Es ist, als hätte ich vorher gar nicht richtig wahrgenommen, als würde sie mir zeigen, was Liebe ist: zu den Menschen, der Natur, dem Camino. Für jeden hat sie ein Lächeln, ein liebevolles Wort. Henny öffnet den Blick für das Besondere und lässt ihr Herz sprechen. Wenn ich am Anfang unserer Begegnung gedacht habe, sie sei die ewige Kind-Frau, so sehe ich jetzt ihre Liebe zu allem, was ihr begegnet. Gleichgültig, ob Mensch, Tier oder Blume. Ihr Staunen über das, was ringsherum passiert. Henny liebt alles und jeden um sich herum, so scheint es auf den ersten Blick, nimmt Anteil am anderen, geht immer wieder auf der Wanderschaft Bindungen ein und möchte doch so gerne mal allein sein.

Am dritten Tag beschließt Henny, dass es nun an der Zeit sei, das Nein endlich einmal auszuprobieren. Und nachdem ich ihr vorher Mut gemacht habe, was liegt da näher, als es bei mir zu machen? So ist das Leben, irgendwann bekommt man all seine klugen Sprüche zurück.

Schade. Ich habe sie lieb gewonnen und bin voller Dankbarkeit, sie kennen gelernt zu haben. Eine wunderbare, liebe Frau. Eine Frau, die liebt, die verschwenderisch mit ihrer Zuwendung umgeht. Die sich viele Gedanken um andere macht und jetzt lernen will, auch an sich zu denken.

Und damit öffnet sich das Schloss, für das ich schon seit Tagen einen Schlüssel suche, für das bisher nichts passen wollte: Wirkliches Mitgefühl beruht auf Liebe zu sich selbst und zu anderen. Wenn wir uns selbst weniger lieben als unseren Nächsten, hat Mitgefühl und haben damit seine zwei Ausdruckformen Fürsorge und Hingabe eine Ersatzfunktion. Je mehr wir davon geben, desto besser dürfen wir uns fühlen, macht uns die christliche Religion klar, desto wichtiger, wertvoller scheinen wir zu sein. Das Umfeld sagt: Was für ein wunderbarer Mensch! Diese Wertschätzung macht aber nicht satt, sondern süchtig, wenn wir sie uns nicht auch selbst geben. Je mehr Anerkennung wir im Außen brauchen, desto ärmer wird das Innen.

Immer wieder begegnen mir auf dem Camino Menschen und Ereignisse, die mir den Anstoß geben, mich mit mir und der Verarbeitung meiner Geschichte zu beschäftigen. Durch Henny bin ich angestoßen worden, darüber nachzudenken, wie es um meine Fähigkeit zu lieben und Mitgefühl zu schenken, bestellt ist. Gleichzeitig konnte ich für mich prüfen, wie gut es mir mittlerweile gelingt, einen Menschen loszulassen, der mein Herz berührt hat.

Psychologische Erfahrungen und erstes buddhistisches Wissen fließen zusammen, ergänzen sich. Vielleicht könnte ich alles, was mir hier passiert, auch nur mit dem einen oder mit dem anderen erklären? Diesen Gedanken verwerfe ich wieder. Von der Psychologie verstehe ich eine Menge, in den Buddhismus dringe ich gerade erst ein. Psychologie ist eine Wissenschaft, die mit einem klaren Verstand Verhalten, Gedanken und Gefühle analysiert, beschreibt und Konzepte zur Bearbeitung bereithält. Damit spricht sie den Kopf an. Das habe ich auf dem Camino reichlich gemacht: mit dem Kopf meine Gefühle betrachtet und verarbeitet.

Wenn es aber um Liebe und Mitgefühl geht, stoße ich an die Grenzen meiner Konzepte. Zwar gibt es in der Psychologie den Begriff der Empathie, der oft mit Mitgefühl übersetzt wird, aber mehr im Sinne einer Technik, die den Zugang zum anderen erleichtert.

Wenn das Mitgefühl aus der Liebe entspringt, dann ist es keine Emotion im herkömmlichen Sinne wie Freude, Ärger, Schmerz, Traurigkeit – dann ist auch Mitgefühl ein Teil unser Seele, genau wie Liebe.

Körper und Geist, damit habe ich mich beschäftigt. Die zwei Dimensionen des Selbst, die Veränderungen unterliegen aufgrund von äußeren Umständen, Krankheit, Verlust. Aber was ist mit der Seele? Wie kann ich fühlen, ob ich eine Seele habe? Und bin ich dort allein?

Eine neue Dimension des Denkens öffnet sich und stürzt mich gleichzeitig in Konfusion. Mein Talisman in der Hosentasche gibt mir wenig Hilfestellung. Zwar war die Seele schon immer der Acker der Religionen, nur möchte ich mir von den himmlischen Heerscharen nicht dieses zarte Pflänzchen der Erkenntnis unterpflügen lassen. Bisher war die Seele für mich das Überdauernde, Ewige. Etwas, das sich mein Körper ausgesucht hat, um auf diese Welt zu kommen. Etwas, das diesen Körper verlassen wird, wenn ich sterbe. Etwas, das weiter leben wird. Und was ist im Hier und Jetzt mit meiner Seele?

Während dieser Zeit verbinde ich mich immer wieder mit anderen Pilgern, bin aber auch oft allein auf dem Camino.

Dies ist die Zeit, in der Peter, ein Pilger aus der Schweiz, Geburtstag hat. Ein sehr lieber Mensch, den ich schon vor einigen Hundert Kilometern kennen gelernt habe. Der mir immer wieder begegnet, obwohl er viel langsamer geht als ich – aber kontinuierlich, ohne einen Tag Pause. Peter möchte seinen Geburtstag gerne mit Marianne und mir verbringen, wird aber unser Tempo nicht mithalten können. Da Mariannes Zeitplan sehr eng ist, beschließen wir, unsere Rucksäcke an diesem Tag per Taxi transportieren zu lassen. 25 Kilometer ohne Rucksack – ein Vormittagsspaziergang.

In dem Maße, in dem ich gelassener, friedvoller, liebevoller mit mir umgehe, nähere ich mich meiner Seele, von der ich eigentlich immer angenommen habe, dass es sie gibt, aber nie begriffen habe, was sie für mich in diesem Leben ist – nicht vor diesem Leben, nicht nach meinem Tod, genau jetzt. Und noch etwas ganz Entscheidendes geschieht: Ich mache meinen Frieden mit einer anderen Frau – mit Maria. Was ich am Anfang noch rigoros abgelehnt habe, die Mystifizierung einer Überfrau, später scherzhaft als „meine Maria in der Hosentasche" bezeichnet habe, bekommt jetzt eine andere Gestalt, wird zur Frau, die es auch nicht immer leicht gehabt hat in ihrem Leben, aber ihren eigenen, ganz speziellen Lebensweg gegangen ist.

Vom Sterben zum Leben – in der Meseta

Gleich hinter Sahagun wird die Landschaft karg, öde, endlos, einsam. Nun beginnt die Meseta, so wird die kastilische Hochebene genannt. Im Sommer brennend heiß, im Winter stürmisch und sehr kalt. Die Erde ist rot und verbrannt, obwohl erst Mai ist. Ich schwanke zwischen Gesellschaft und Natur und wähle statt der Piste – mit genügend Wasser und Rastmöglichkeiten –, auf der die meisten gehen, den Weg über die alte Römerstraße.

Im kleinen Ort vor der Einöde verlaufe ich mich, gehe im Kreis, will schon zurück zu dem belebten Weg. Kein

Mensch auf der Straße. Nach der zweiten Runde durch den Ort finde ich den gelben Pfeil. Es wäre ganz einfach gewesen: immer nur gerade aus. Auf den ersten Kilometern halte ich noch Ausschau nach einem anderen Wanderer, aber keiner ist da. Diesen Weg muss ich allein gehen.

So weit das Auge reicht, nur karstige Erde, struppiges Gras, kleine Büsche, kaum Bäume. Die Meseta ist gefürchtet bei denen, die diesen Weg schon einmal gegangen sind, alles ist extrem: die nahezu endlose Weite bis zum Horizont, die sparsame Vegetation, das herausfordernde Klima. Meine Pausen wähle ich je nach Schatten. Wenn ein Baum oder ein Busch da ist, setze ich mich erst einmal hin. Die Mittagshitze ist beinahe unerträglich. Ich verbringe sie in einer kleinen Baumgruppe mit armdicken Bäumchen, die mir etwas Schutz geben. Noch vor gar nicht langer Zeit hat hier Wasser gestanden. Der Boden ist stellenweise feucht und stinkt. Kein schöner Ort für eine erholsame Pause.

Diese Landschaft symbolisiert das Sterben auf dem Weg, hat mir jemand gesagt. Die Pyrenäen sind der Frühling, das Frische, Klare, sind Beginn, Hoffnung, die Knospen zeigen sich. Navarra und Riocha mit ihrem Wein sind die Fülle des Lebens: Die Früchte wachsen, alles öffnet sich. Die Meseta ist das Sterben-Lassen, die Ernte, Platz schaffen für Neues, Ballast abwerfen, den die Vergangenheit angesammelt hat und der nur behindert auf dem Lebensweg.

Und solange du das nicht hast, / dieses: Stirb und werde! / Bist du nur ein trüber Gast/ auf der dunklen Erde. (J.W. v. Goethe).

So vieles ist gestorben auf diesem Weg. Ich fühle mich gelassen, die Vergangenheit schweigt, nur selten kommt noch ein Anflug von Zorn. Dann ärgere ich mich über mich und meine übergroße Geduld. Damit kann ich leben, das wird schon vergehen, alles eine Frage der Zeit.

Ich habe mich mit meiner Einstellung zu spirituellen Dingen beschäftigt, über Gott und Kirche in meinem Inneren philosophiert, manchmal auch mit anderen. Es bleibt gar nicht aus, wenn man fast täglich in eine Kirche geht, sich nicht nur ihre Architektur und Ausgestaltung anzusehen, sondern auch in sein eigenes Inneres zu blicken. Da ist einiges Altes wieder hochgekocht, aber nichts, was ich jetzt noch klären müsste.

Ich habe einen wunderbaren Menschen getroffen, der mir gezeigt hat, wie schön es ist, der Welt mit Liebe zu begegnen, und ich habe in diesen Gesprächen wieder einmal für mich erfahren, dass alles mit der Liebe zur eigenen Person beginnt. Ich fühle mich reich und beschenkt, könnte heute aufhören, diesen Weg zu gehen, wäre trotzdem angekommen. Es ist so ein merkwürdiges Gefühl, einerseits bin ich randvoll mit neuen Erfahrungen, andererseits leer.

Kein Tier ist zu sehen, kein Vogel am Himmel, nur weites Land und Einsamkeit. Es ist ganz still. Ich höre nur mich selbst, sonst nichts. Dabei ist die Landschaft nicht feindlich, allerdings fordert sie meine Reserven heraus und zeigt mir meine Verletzbarkeit – aber auch meine Stärke. Wie soll ich meine Mitte finden, wenn ich meine Grenzen nicht kenne, kommt mir in den Sinn.

Bei Abwesenheit von Problemen hat es der Kopf so an sich, dass er nach Beschäftigung sucht, bevorzugt im Bereich der Sorgen: Hoffentlich werden sich die merkwürdig roten Stellen an den Waden nicht entzünden! Wo werde ich heute Nacht schlafen? ... Das will ich loslassen, das soll aufhören: dieses ständige Suchen nach Problemen, wenn mal keine da sind, das will ich der Meseta schenken.

Mein Körper nähert sich seiner Grenze, das spüre ich. Ich versinke im Gehen in eine Art Trance. Die Muskeln schmerzen, der Rucksack ist durch die großen Wasservorräte besonders schwer. Die Sonne brennt durch den Stoff meiner Kleidung. Mein Hut schützt mich, aber von Zeit zu Zeit rinnt mir trotzdem Schweiß in die Augen. Ganz automatisch setze ich einen Fuß vor den anderen. Es gibt Momente der absoluten Stille in mir, von denen ich nicht weiß, wie lange sie dauern werden. Und wenn ich denke, dass ich bei mir bin, bin ich schon wieder außerhalb.

Jetzt bin ich dankbar, hier allein zu gehen. Ich brauche niemanden an meiner Seite, der mir Kraft gibt. Ich habe genug davon. In dem Maße, in welchem meine Körperkräfte schwinden, spüre ich meine innere, unzerstörbare Kraft, mein Vertrauen zu mir, dass ich dies schon irgendwie bewältigen werde. Ich bin stark genug, diesen Weg zu gehen, und auch stark genug, meinen Lebensweg allein zu bewältigen. Es macht mir keine Angst mehr, allein zu sein. Es ist keine Traurigkeit mehr dabei. Kein Suchen, Ausschau halten. Ich bin wieder frei.

Ich bin stark genug, meinen Weg allein zu gehen. Irgendwann sage ich den Satz laut vor mich hin, immer wieder und wieder, und meine Schritte geben den Rhythmus dazu an.

Ich bin glücklich, fühle mich erlöst, frei und ungeheuer stark und genieße alles um mich herum, während gleichzeitig meine Schritte immer langsamer werden.

Das kleine Wäldchen, das ich gegen Abend völlig erschöpft erreiche, liegt in einer Senke. Ich habe es schon seit Stunden gesehen und beschlossen, dort zu übernachten. Die Bäume sind schlank und groß. Irgendwann vor vielen Jahren sind sie ordentlich in Reihen angepflanzt worden. Es gibt kein Unterholz, das erkenne ich auf den ersten Blick. Ein idealer Ort zum Übernachten. Ich kann nicht mehr weiter. Schon seit einer ganzen Weile ist mir schwindelig. Weitergehen wäre Leichtsinn.

Und dann sehe ich den Bach! Heute habe ich viele Wasserrinnsale überquert. Alle waren sie brackig und stinkig. Dieses hier ist sauberes, klares Wasser! Nicht nur ein Rinnsal. Ein breiter, tiefer Bach fließt hier. Kühles Wasser! Ein kleines Paradies nimmt mich auf. Ich wanke zu den Bäumen und bereite mein Nachtlager unter einem Baum. Wenn ich liege, kann mich niemand sehen, hoffentlich.

Ich lege alles zurecht für die Nacht, die Isomatte, den Schlafsack, die Taschenlampe griffbereit, auch das, was ich vor dem Schlafen noch essen will. Für einen Augenblick weiß ich nicht, ob ich die wenigen Meter zum Wasser überhaupt noch schaffe, oder ob ich mich gleich hinlegen und schlafen soll. Aber natürlich mache ich das nicht. Ein Rest Energie ist noch vorhanden.

Eintauchen, untertauchen, hinsetzen, hinlegen, schrubben, Haare waschen, genießen, plantschen. Ich sitze wie in der Badewanne zu Hause und kann mein Glück gar nicht fassen. Welch ein Geschenk!

Das kalte Wasser hinterlässt eine Gänsehaut, aber die untergehende Sonne spendet noch Wärme. Ich rubbele mich gut ab und kuschele mich zum Essen in meinen Schlafsack. Dabei schaue ich auf den roten Ball, der sich langsam dem Hügel gegenüber zuneigt.

Wenn die Sonne versinkt, hält die Natur den Atem an. Für einen Moment ist es so, als wäre alles still: Kein Geräusch, kein Rascheln, absolute Ruhe, während sie versinkt. Das andächtige Schweigen vor dem Wunder, das jeden Tag aufs Neue geschieht. Wie schnell sie doch versinkt, so schnell wandert sie den ganzen Tag – und wir merken es meist gar nicht.

Der große Wagenlenker geht schlafen, fällt mir ein. So nannten die Ägypter den Sonnengott Ra, der die Geschicke der Menschen lenkte, während er mit seinem Wagen über den Himmel fuhr. Jeden Morgen spannte er seine Rösser an und zog seine Bahn. Er kannte alle Geheimnisse und Pläne, sah alles, wusste alles und griff in das Leben der Menschen ein, wenn er es für richtig hielt. Sie beteten zu ihm um die Erfüllung ihrer Wünsche, er hatte, wie jede Gottheit, seine eigenen Pläne. Und wer lenkte in der Nacht? Während ich die letzten Strahlen seines Wagens noch bewundere, schlafe ich ein.

In der Nacht wache ich auf. Sofort lausche ich in die Stille. Hat mich etwas geweckt? Höre ich ein Rascheln,

Schritte, irgendetwas? Alles ist ruhig. Meine Augen gewöhnen sich an die Dunkelheit. Vorsichtig hebe ich den Kopf und schaue um mich. Keine Bewegung. Selbst der Wind scheint zu schlafen. Nur der Bach ist zu hören, sein Plätschern klingt wie ein zartes Glockenspiel aus Glas.

Es ist unbeschreiblich schön. Über mir der Himmel ohne eine Wolke, dafür übersät mit schier unendlich vielen glitzernden Sternen, wie ein funkelndes Zelt. Manche nennen den Jakobsweg auch den Himmelspfad oder den Weg unter der Milchstraße. Heute Nacht sind so viele Sterne am Himmel, wie ich es noch nie gesehen habe. Sie stehen so nah zusammen wie Fäden in einem dichten Gewebe. Die Rundkuppel des Sternenzeltes scheint die kleine Senke, in der ich liege, ganz zu umhüllen.

Mein Körper ist schwer und müde, aber mein Kopf wach und klar. So liege ich und schaue, versuche Sternenbilder zu erkennen, gebe aber schnell auf, weil ich keine Lust habe nachzudenken. Nur liegen und genießen, das will ich.

Es ist das erste Mal in meinem Leben, dass ich allein draußen ohne Zelt übernachte. Bisher war immer jemand an meiner Seite. Das hat mir Schutz gegeben. Trotzdem war ich oft unruhig, hatte Angst, wenn ich wach wurde in der Nacht, tastete nach einem Körper neben mir, der mir Sicherheit gab, oder war froh über das verschlossene Zelt.

Jetzt ist es anders. Ich fühle mich ganz ruhig, beschützt und geborgen. Hier wird mir nichts passieren, da bin ich mir ganz sicher. Woher kommt dieses Geborgensein, gebe ich es mir selbst, ist es ein Teil der Stärke und des Vertrauens zu mir, das ich noch vor wenigen Stunden so intensiv erlebt habe?

Ich bin nicht allein, das fühle ich. Etwas ist bei mir, neben mir, über mir, in mir, passt auf mich auf. Ich bin geborgen. Ich kann meinem Gefühl vertrauen. Es treibt mir die Tränen in die Augen, und es sind Tränen der Freude und Dankbarkeit. Irgendetwas ist hier, ganz real und doch nicht als Materie und beschützt mich. Ich kann vertrauen, mir und dem, was bei mir ist, und das ist etwas Göttliches, etwas Unbeschreibliches, etwas Unsagbares und doch Präsentes. Ich liege mit offenen Augen, schaue in die Endlichkeit des Universums und schlafe irgendwann wieder ein.

Am Morgen weckt mich die Helligkeit und ich rolle mich auf den Bauch, um die Sonne aufgehen zu sehen. Das Licht ist zunächst noch grau und diffus, die ersten Strahlen kalt-weiß. Ich bin ganz benommen, seltsam entrückt, und gleichzeitig sehe und höre ich alles intensiver als gestern, das Plätschern des Baches, ein Vogel singt, ein Blatt fällt neben mich.

Die Erinnerung an die Nacht setzt nur langsam ein. Gestern war ich körperlich völlig am Ende. Da bin ich in der Nacht eigene Wege gegangen, sagt mein Kopf. Das ist es nicht allein, sagt mein Gefühl, irgendetwas hat mich in der Nacht berührt, da bin ich mir ganz sicher.

Ich packe meine Sachen zusammen. Dabei bin ich ganz behutsam, vermeide schnelle Bewegungen. Es ist, als hätte ich heute Morgen mehr Gefühl in meinen Händen, als würde ich jedes Teil, das ich anfasse und einpacke, zum ersten Mal wirklich spüren. Bevor ich gehe, nehme ich meine Karte und schaue mir die Route für heute an. Wo bin ich hier? Einer der vielen Bäche fließt durch das Tal der Heiligen Maria.

Hier also. Schon wieder sie. Sie lässt mich nicht los. Sie ist bei mir und war es auch in der Nacht. Sie hat mich beschützt. Es scheint, als sei sie nicht nur eine Frau, die vor zweitausend Jahren gestorben ist, eine Frau aus der Bibel, eine Symbolgestalt für bedingungslose Liebe, der Stoff für Statuen, Bilder und Krippenfiguren. Sie ist real, und gleichzeitig reichen die Bilder nicht aus, die ich in meinem Kopf habe. In der Nacht hatte ich das Gefühl, dass etwas Göttliches bei mir war. SIE war da.

Diese Gedanken machen mich so konfus, dass ich nicht weiterdenken kann. Alles löst sich auf, nichts hat mehr Halt und Bestand, bei dieser Verwirrung tut Bewegung gut. Ich setze meinen Rucksack auf und vergewissere mich, dass ich nichts vergessen habe. Nur das flachgelegene Gras erinnert an meine Nacht hier. Ein letzter Blick auf mein Paradies, dann führt mich mein Weg aus der Senke heraus. Meine Beine sind bleischwer, nur mühsam komme ich voran.

Nach einer Weile hole ich mir den Satz hervor, der mir gestern so viel Kraft auf den letzten Kilometern gegeben hat: Ich bin stark genug, meinen Weg allein zu gehen.

Aber heute morgen passt er nicht mehr, er gibt keinen Rhythmus für meine müden Beine. Es fehlt etwas ganz Entscheidendes: Ich bin gar nicht allein. Ich bin stark genug, meinen Weg allein zu gehen, aber ich bin nicht allein.

Das ist es. Das war gestern Nacht. Ich war nicht allein dort, ich war es nie. Ich habe es nur nicht wahrhaben wollen. Ich bin auch jetzt nicht allein. Jemand füllt das NICHTS – und es ist IHR Bild.

SIE ist bei mir. SIE war gestern schon da, vorgestern, zu Beginn meines Weges, in Lourdes, zu Hause, vermutlich war SIE schon immer bei mir, ich habe es nur nicht gemerkt. SIE hat mich auf diese Reise geschickt, hat auf mich gewartet, obwohl ich mir viel Zeit gelassen habe, SIE zu erkennen. Jetzt ist SIE da, und das ist schön, aber leichter wird es dadurch nicht. Mir ist, als würde mir mit einem Messer mein Brustkorb geöffnet. Was herausquillt sind bunte Versatzstücke meiner Werte, meines Glaubens, meines Herzens und meiner Seele. Nichts passt mehr zusammen, es ist so viel, was sich im Inneren gesammelt hat, dass es nur auf den befreienden Schnitt gewartet. Außerhalb meines Körpers scheint sich alles wieder zusammenzufügen zu einem merkwürdigen, ganz neuen Gebilde: bunter, leuchtender, facettenreicher, vielfältiger. Zu Beginn meines Weges lag meine äußere Welt als Scherbenhaufen vor mir – und es ging mir schlecht damit. Gerade zerbricht in meinem Inneren alles – und ich fühle mich zwar verunsichert, aber gut damit.

Es war zu eng in mir geworden, für all das, was sich in diesen Tagen auf dem Camino verändert hatte, ist mein ersten Gedanke. Es ist viel mehr geworden, kommt dann. Und noch etwas später: Jemand ist bei mir, in meinem Inneren.

Ich möchte diesen Gedanken abschütteln, weil ich ihn verrückt finde, alienmäßig, aber er kommt wieder, weil er stimmig ist, und meine Beine bewegen sich im Rhythmus: Ich bin stark genug, meinen Weg zu gehen, und SIE ist bei mir. Das Atmen fällt mir jetzt ganz leicht, und meine Kraft kehrt langsam zurück, mit jedem Schritt fühle ich mich besser.

In Reliegos führt mein Weg am Friedhof vorbei. Eine Frau kommt mir mit einem Strauß Pfingstrosen entgegen. Wir sehen uns an, lächeln, grüßen uns wortlos, und für einen Moment sehe ich so etwas wie Verstehen in ihren Augen, als könnte sie mir ansehen, dass heute nichts mehr ist, wie es gestern war.

Der erste Pilger, der mich überholt, fragt, ob es mir gut geht. Das hat mich noch keiner hier zur Begrüßung gefragt. Es geht mir gut, und ich fühle mich durcheinander – beides. Aber das schließt einander ja nicht aus.

Trotzdem bleibt das Gefühl, entrückt und verwirrt zu sein. Ein Teil sagt: Es ist, wie du es fühlst, bleib' mit deinem Gefühl in Kontakt. Der andere Teil sagt: Du spinnst. Die körperliche Anstrengung lässt dich Dinge sehen, an die du nicht glaubst.

Stunden später biege ich ab zu einem Fluss, plantsche im eiskalten Wasser, schreibe in mein Tagebuch: *Ich glaube, jetzt löse ich mich langsam von Ziel und Zeit*. Kein Wort über Maria, kein Wort über SIE.

Leon ist nicht mehr weit. Aber ich kann nicht weiter. Jedes laute Geräusch lässt mich zusammenzucken. Es ist, als wäre meine äußere Schale zerbrochen, als würden meine Sensoren außerhalb meines Körpers beginnen.

Im Claustro

Mein Eintreffen in Leon ähnelt meinem Inneren. Ich verlaufe mich in den schmalen Gassen der Innenstadt und habe die Orientierung verloren, als ich auf Josef treffe, für den es eine Pilgeraufgabe ist, mich zum vereinbarten Treffpunkt zu geleiten. Dass Josef katholischer Geistlicher ist, werde ich erst viele Tage später erfahren. Im Nachhinein überlege ich, ob die katholische Kirche mir in meiner Verwirrung helfen kann, ob Josef ein Zeichen ist, wo, auch im übertragenen Sinn, Orientierung zu finden ist. Möglich wäre es schon, aber es ist nicht mein Weg. Da bin ich mir ganz sicher.

Angelika und ich waren zwölf Tage getrennt. Der Groll ist überwunden. Ich habe die Zeit gut genutzt, um die unterschiedlichen Anteile zu durchleuchten und Mechanismen der Eskalation zu erkennen. Es gibt einen Teil, den kann ich verändern. Damit geht es mir gut. Jetzt kann ich ihr wieder entspannt begegnen und freue mich, sie zu sehen.

Aber selbst mit einer so guten Freundin kann ich über die Erlebnisse in der Meseta nicht in allen Einzelheiten reden. Die Beziehung hat einen Riss bekommen, der letzte Konflikt war zu heftig, das macht mich vorsichtiger. Ich fühle mich noch immer dünnhäutig und verunsichert, muss erst einmal mit mir allein klarkommen, denke ich. Noch besser wird es sein, zunächst eine Auszeit von spirituellen Gedanken und Erfahrungen zu machen, bis ich mich wieder stabil fühle.

Die Gassen und Plätze locken, das leichte, ablenkungsreiche Leben in dieser schönen Stadt scheint angesagt. Die Kathedrale sieht aus wie von einem Zuckerbäcker gebaut, zum Bestaunen schön. Als ich sie betrete, bin ich in einem Raum mit unsagbar vielen strahlenden Farben, die durch das bunte Glas der Fenster entstehen. Es kommt mir so vor, als stände ich in einem riesigen Kaleidoskop, wenn ich aufhöre, etwas Bestimmtes mit meinen Augen zu fixieren und meinen Kopf hin und her bewege. Es ist sehr beeindruckend.

Nur habe ich plötzlich gar keine Zeit mehr. Wie von einem Lasso eingefangen, führt mich mein Weg nach links, durch ein, zwei Räume, bis ich vor einer schweren Holztür stehe. Auf einem Zettel lese ich, der Eintritt ins Claustro kostet Geld. Was ist das Claustro? Neben der Tür ist die Kasse. Ich verlange ein Ticket und zeige auf die Tür... *Claustro?... Si, Claustro.* Es folgt eine längere Frage aus dem Kassenhäuschen. *No, no, Claustro.* Die Augenbrauen werden kritisch verzogen. Wahrscheinlich geht hier keiner nur durch diese Tür. Auf der anderen Seite ist das Museum. Ein Ticket für beides ist sicher günstiger. Ist mir egal. Ich habe es sehr eilig, will das, was hinter der Tür ist, nicht warten lassen.

Das Claustro ist der Kreuzgang, und hinter der schweren Eichentür öffnet sich mitten in der quirligen Stadt mit der belebten Kathedrale ein sonnenüberfluteter Platz, auf dem es außer Angelika und mir keine anderen Menschen gibt. Die Sonne scheint auf den Platz in der Mitte, unter den Bogengängen ist es wunderbar kühl, was für ein schöner, energiereicher Ort. Mir ist, als könnte ich die Männer sehen, die hier vor Hunderten von Jahren, in theologische und politische Erörterungen vertieft, würdevoll ihre Runden gegangen sind. Vermutlich wurde hier über das Schicksal der ganzen Region entschieden. Ob Frauen dabei zugelassen waren? Wohl kaum. Über sie wurde hier entschieden, über ihr Geld, ihre Ehre, ihren Leib und ihr Leben.

Mein Herz schlägt schneller, und ich spüre die Erregung, wie kurz vor einer Prüfung. Was hat mich hierher gezogen, was hält mich hier? Ich war schon einmal hier, da bin ich mir jetzt sicher. Mir ist, als sei mein Weg vor langer Zeit hier zu Ende gewesen. Vielleicht schon lange, bevor diese Kathedrale gebaut wurde.

Viele Kultstätten wurden im Laufe der ersten Jahrhunderte unserer Zeitrechnung zerstört, Kapellen wurden an diesen Orten errichtet, später Kirchen und Kathedralen. Speziell weiblichen Gottheiten folgte Maria auf dem Fuße – unten Isis, oben Maria. Für den Volksglauben kein Bruch, einer Frau, die man um Hilfe bitten konnte, folgte eine andere.

„Von Süden bin ich gekommen, hier endet mein Weg", sagt plötzlich ein Gedanke in meinem Kopf. Kein Gedanke aus diesem Leben, etwas ganz Altes meldet sich. Ja, vielleicht ist das so, vielleicht war ich schon einmal hier. Vielleicht wollte ich deshalb hier hinein.

Allerdings ist das mit den Stimmen im Kopf so eine Sache. Ich meine, wir können in Gedanken schon mit anderen Menschen sprechen, das nimmt uns keiner krumm, es ist noch im Bereich des Normalen. Aber wenn die uns antworten, oder wir allein diese Stimmen hören, sind wir hart an der Grenze zum pathologischen Befund. Werde ich verrückt?

Ich bin mir sicher, dass dies nicht mein erstes Leben ist, habe Bruchstücke von Erinnerungen an frühere Leben. Ein weiteres Versatzstück in meiner Erinnerung erschreckt mich nicht, macht mich dankbar für die Offenlegung. Das ist die eine Seite. Aber die andere zweifelt in solchen Momenten an der Richtigkeit der eigenen Wahrnehmung, so war es bisher. Aber ich kann mir vertrauen, davon bin ich nach der Nacht in der Meseta überzeugt.

Währenddessen gehe ich weiter meine Runden, hoffe auf weitere Spuren meines früheren Lebens. Immer wieder komme ich zu einer Stelle, an der mein Herz noch schneller schlägt. Sie liegt im Süden. Im Boden befinden sich zwei große Steinplatten, die mir vorher noch nicht aufgefallen sind, unter ihnen Gräber. Auch Angelika spürt, dass diese Stelle eine besonders hohe Energie ausstrahlt. Ich bin noch normal, wie schön, wenn man denn meint, es sei normal, fließende Energien zu spüren.

Auf der Wand dahinter gibt es eine Wandmalerei: Christus am Kreuz, davor die Frauen.

Dort das Sterben. Hier zu unseren Füßen der Tod vor vielen hundert Jahren. Eine Inschrift ist nicht mehr zu erkennen. Ich strecke meine Hände aus, spüre über einer der beiden Platten Wärme in meinen Handflächen. Diese ist es. Es gibt eine Verbindung zu dieser Steinplatte oder sehr wahrscheinlich zu dem, was einst unter diese Platte gelegt worden ist.

Weiter geschieht nichts. Das Herz beruhigt sich langsam, es scheint vorbei zu sein. Eine Erfahrung meiner überreizten, momentan sehr sensiblen Psyche, mehr nicht. Also gehe ich nach einiger Zeit.

Kaum stehe ich außen vor der großen Eichentür, überfällt mich wieder Nervosität, ich muss noch einmal rein, diesmal allein. Etwas zieht mich, genau wie vorhin, gibt keine Ruhe. In meinen Ohren rauscht und dröhnt es. So muss es Menschen zumute sein, die einen Hörsturz bekommen, denke ich. Nichts dringt mehr von außen nach innen. Wieder stehe ich vor der Grabplatte. Und in all den tosenden Geräuschen, die meine Innenwelt abschotten, höre ich im Kopf eine Stimme: „Was auch immer du getan hast, ich verzeihe dir. Du bist frei. Ich lasse dich los. Du kannst gehen." Mir ist, als würde sich eine riesige Faust auf meinen Magen drücken, und ich fühle den Schmerz, den Schuldgefühle auslösen.

Wer hat die Worte zu mir gesagt? Was habe ich getan, was war meine Schuld? Ich strecke meine Hände aus und spüre die Verbindung zu dem, was unter der Grabplatte ist, möchte die Verbindung halten, mehr erfahren. Und wieder die Stimme: „Was auch immer du getan hast, ich verzeihe dir. Du bist frei. Ich lasse dich los. Du kannst gehen." Jetzt bin ich gar nicht mehr so sicher: Habe ich diese Sätze gehört oder weitergegeben? Wer hat wem verziehen, wer hat was gemacht? Wer ist dieses Ich und wer das Du? Fassungslos starre ich auf das Grab zu meinen Füßen. Wo ist die Verbindung zwischen dem, was in meinem Inneren gesprochen worden ist? Von Süden bin ich gekommen, hier endete mein Weg. Unrecht ist geschehen von beiden Seiten. Und über die Jahrhunderte hinweg fehlt nur noch das eine: Ich verzeihe dir und lasse dich damit los.

Weiter geschieht nichts, der Kontakt ist abgerissen. Das Herzklopfen und Rauschen in den Ohren nimmt abrupt ab, ebenso der Druck im Magen. Erst jetzt merke ich, dass mir Tränen geflossen sind. Es scheint vorbei zu sein.

Was gesagt werden musste, ist gesagt. Wir können voneinander lassen. Wer auch immer wir waren, in welchem Leben einmal verbunden – es ist vorbei. Etwas war noch offen: das Verzeihen. Wir haben uns die Freiheit gegeben. Eine Seele hat hier schon lange auf mich gewartet, oder ich habe sie gesucht, wer weiß das schon. Etwas war noch offen, das ist jetzt geschlossen. Erst durch das Verzeihen entsteht Freiheit.

Immer wieder verzeihen und loslassen. Zuerst ist der Schmerz, dann der Zorn, später die Trauer. Beim Loslassen der Vergangenheit kommen so viele Bilder hoch, die wehtun. Die kann man nicht ausknipsen, wie eine Lampe, nicht vergessen, wie einen Namen. Die Bilder wollen Beachtung. Verstehen, was geschehen ist, ist auch verzeihen. Anderen zu verzeihen, geht nicht, ohne die eigenen Anteile zu sehen. Anderen zu verzeihen, heißt, zunächst einmal sich selbst zu verzeihen.

Alles beginnt beim Ich, nicht beim Du, und ist doch miteinander verzahnt. Ohne Verzeihen keine innere Freiheit und damit die Chance, erkannte Muster aufzugeben. Die Trennung ist nicht das Ende, selbst der Tod nicht. Schmerz und Hass haben scharfe Zähne, beißen sich fest, halten fest über ein Leben hinaus. Verzeihen ist Liebe, Liebe ist Verzeihen. Das braucht seine Zeit.

Ich umrunde noch einmal den Innenhof und komme zurück. Nichts mehr, nur noch die Erinnerung, dass dies eine besondere Stelle im Claustro war.

Was bleibt, ist eine große Verwirrung. Was mir der Camino vor meine Füße wirft, hilft mir und führt mich gleichzeitig an meine psychischen Grenzen. In der Meseta die Begegnung mit Maria, jetzt die Begegnung, bei der es um das Verzeihen geht. Gibt das einen Sinn, eine Verbindung?

Der Name der Kathedrale? Santa Maria de la Regla.

SIE lässt mich nicht mehr los.

Danke…

SIE bleibt

Zwei Tage später sitzen Angelika, Peter, Dick, Maritta und ich am Abend schon seit Stunden auf der Plaza in Astorga bei Pizza und Wein. Da sagt Peter, der immer alle Zahlen parat hat: „Bis Santiago sind es keine 300 Kilometer mehr!" Peng. Aus mit dem zeitlosen Dahingleiten. Auch der Camino ist endlich, es war uns nur für eine Weile nicht bewusst. Ich schaue in betroffene Gesichter. Es ist bald schon vorbei, steht für einen Moment in allen geschrieben. Nur Maritta, die heute den zweiten Tag unterwegs ist, hält das noch für eine weite Entfernung.

Wieder zwei Tage später treffen wir uns in den Bergen, in El Acebo, beim Essen. Wieder ist es Peter, der alle aufhorchen lässt, als er von unserem Abendmahl spricht. Wir wissen es noch nicht, aber es ist wirklich ein Abschied. In dieser Runde werden wir nie mehr zusammen sein. Eines hat uns der Camino bisher alle gelehrt: Wir können das, was gerade da ist, genießen. „Unser täglich Brot gib uns heute", die Betonung liegt auf „heute". Es geht immer nur um das Heute.

Auf meinem Weg durch die Berge nach Trabadelo bin ich allein. Die Auszeit ist beendet, so nenne ich mittlerweile die Tage, an denen ich mit anderen zusammen bin. Der Aufstieg hat es in sich, gut dass es heute Morgen noch so kühl ist. Trotzdem schwitze ich schon nach wenigen Metern, mein Atem geht schwer und die kühle Luft schmerzt in den Lungen. Was habe ich mir denn da wieder angetan?! Dick überholt mich, möchte wohl ein Stück mit mir gemeinsam gehen. Aber ich winke ab. Mit diesen ellenlangen Beinen kann ich bergauf nicht Schritt halten. Ich brauche jetzt auch wieder Zeit für mich allein.

Unvermittelt ist er wieder da, der Satz, der mir in der Meseta Kraft gegeben hat. Doch er ist verändert, so wie ich es auch bin: „Ich bin stark genug, diesen Weg zu gehen, *denn SIE ist bei mir.*"

In Lourdes ist SIE die Jungfrau, die mein Gebet gehört und wohl beschlossen hat, dass es jetzt an der Zeit ist für eine Begegnung mit mir – auf ihre Art. Die sich auch durch mein skeptisches Beten nicht abhalten lässt. In Pamplona ist SIE die junge Mutter Maria, die, als ich ihre Skulpturen eher fad finde, mein Herz gleich draußen vor der Tür berührt, damit ich sehen lerne, was ansteht: Liebe und Mitgefühl. In Leon im Claustro ist SIE eine der Frauen unter dem Kreuz. Sie muss unter dem Kreuz mit ansehen, wie ihr von der Obrigkeit als gefährlich und missraten abgeurteilter Sohn grausam hingerichtet wird. Ich bin so mit den Gräbern davor und der Stimme beschäftigt, dass mir dieser Aspekt des Geschehens erst jetzt bewusst wird. Gerade dieser Teil der Maria, die trauernde Mutter, war mir bisher am fernsten, dabei verbindet mich genau dieser Teil besonders mit ihr. Auch sie hat verzeihen müssen, wenn sie nicht bitter und starr werden wollte in ihrem Leid.

Maria verkörpert in diesen drei Lebensphasen das Erleben unseres Menschseins. Die Hoffnung, die Liebe und den Verlust. Der ewige Kreislauf von Neubeginn,

Hoch-Zeit und Vergehen. Ich erkenne in ihr die Frau, die ihren eigenen, spezifisch weiblichen Weg des Glaubens geht. Sich einlassen, ganz und gar, einen schönen, aber auch dornigen Weg zu gehen, um am Ende mit leeren Händen dazustehen, aus denen Neues wachsen kann.

Sie ist eine Frau, die das, was ich erlebt habe, verstehen wird. Und ich fühle mich ihr nah, kann nachvollziehen, was mit ihr geschehen ist, entwickele ein Gefühl für sie und ihr Leben. Unter diesem Blickwinkel habe ich sie noch nie vorher gesehen. Jetzt ist SIE da, öffnet eine Tür und ich gehe staunend durch kalte, staubige Flure, in die neues, warmes Licht fällt.

Nun bin ich hier an der Grenze zu Galicien, der letzten Provinz meines Weges durch Spanien. Maria hat mich während meiner ganzen Reise begleitet. Still, unaufdringlich, manchmal unbemerkt und gleichzeitig kraftvoll, wie eine offene Hand, bereit zu geben, zu halten und zu beschützen.

SIE ist da, ich habe einen Zugang zu IHR gefunden, fühle mich verbunden mit IHR. Sie ist die Frau, die Höhen und Tiefen erlebt hat und den ewigen Zyklus von Leben schenken und sterben lassen. Sie kennt den Kampf ums Dasein, Sorgen, Schmerzen und die Hoffnung. Aber sie kennt auch die Freude, das Glück und die Leichtigkeit. SIE ist der Mensch und gleichzeitig der Teil Gottes, der bei mir ist. Es gibt sie beide und doch sind sie eins, davon bin ich überzeugt. Erstauen und Glück halten an. Trotzdem kommt es mir so vor, als würde ich auf einer dünnen Eisschicht stehen, keine Ahnung, ob es hält.

Alles hat sich gut gefügt. Der Camino hat mir die äußeren Bedingungen gegeben, die ich brauchte, um etwas im Inneren zu verarbeiten. Gleichzeitig waren Psyche und Spiritualität miteinander verbunden. Was sich auf der einen Seite entwickelte, zeigte sich auch auf der anderen. Psyche und Spiritualität wurden wiederum beeinflusst durch den Zugang zu Maria, und genau dies ermöglichte das Vorwärtsgehen auf diesen beiden Ebenen. Wenn ich nun glaube, dass Maria auch auf dem Camino die Weichen stellt, also die Anstöße bereithält, so hängt alles miteinander zusammen. Maria ist das Bild, das mir noch fehlte, um SIE, die weibliche Seite Gottes zu begreifen.

Von nun an geht alles sehr leicht, selbst mein Aufstieg zum O Cebreiro. Ich habe so viel zurückgelassen auf diesem Weg, was sich in meinem Inneren angestaut hatte, das erleichtert auch das Gehen.

Auf dem Gipfel des Passes treffe ich Dick wieder, und wir gehen ein Stück gemeinsam. Dick kann sich jedem Menschen mit der gleichen liebevollen Aufmerksamkeit zuwenden, dadurch ist er mir aufgefallen. Unsere Wege haben sich immer wieder gekreuzt, obwohl er viel schneller geht als ich. Vor wenigen Tage habe ich erfahren, dass er Priester ist. Gut, dass ich es erst so spät erfahren habe. Ich hätte bestimmt einen großen Bogen um ihn gemacht. So schließe ich indirekt meinen Frieden mit dem Klerus. Aber selbst mit Dick kann ich nicht über das sprechen, was mir mit Maria in den letzten Wochen widerfahren ist.

Es ist noch nicht die Zeit dafür. Erst muss ich mit mir selbst zurechtkommen auf der dünnen Eisschicht. SIE ist da, bei mir, jetzt, das spüre ich, und SIE ist Maria: Eine Frauengestalt, mit der ich mich verbunden fühle. Ein Symbol für bedingungslose Hingabe und Liebe. Die Mutter Gottes. Das Symbol für das Göttliche.

Die Himmelskönigin

Gott schuf den Menschen zu seinem Bilde, zum Bilde Gottes schuf er ihn; und schuf sie als Mann und Frau. (1. Mose 1,27)

Deutlicher kann man es nicht formulieren. Beide Geschlechter schuf er als sein Ebenbild. Gott ist Mann und Frau. Aber wo ist Gott-Frau? Wo hat SIE IHREN Platz? Wo sprechen wir von IHR? Welcher Künstler hat SIE dargestellt?

Wenn ich mir Gott in den letzten Jahren vorgestellt habe, dann als ein Wesen, das Yin und Yang in sich vereinigt – weibliche und männliche Anteile. Einen Zugang gefunden habe ich dadurch nicht. Es war der Versuch, meinen Kinderglauben vom bärtigen, weißhaarigen Vater an ein erweitertes Bewusstsein anzupassen. Nur sitzt das, was wir in unserer Kindheit aufgenommen haben, fester als alles, was danach kommt. Am deutlichsten zeigt sich das, was ich damals aufgenommen habe, im Bild von Michelangelo, auf dem Gott mit Adam dargestellt wird. Zwei männliche Wesen, die sich am Zeigefinger berühren. So schließt Gott das Bündnis mit den Menschen.

Gott war fremd, ein Wort im Kopf, etwas zum Philosophieren, ein Konzept, aber kein Gefühl, das satt macht. Jetzt weiß ich, Gott hatte keine weibliche Entsprechung für mich als Kind. Der Schöpfer, Richter, Gesetzesgeber – das passte, erwies sich als schlüssiges Bild von Gott-Mann. Aber was tat Gott-Frau in der Zwischenzeit? Ich habe mich schon oft gefragt, warum Gott eine Frau brauchte, um seinen Sohn auf die Welt zu bringen. Warum macht Gott es nicht selbst? Wenn er seinen Samen gibt, warum nicht auch den Uterus?

Weil Gottes Wege unergründlich sind – eine der Aussagen in der Bibel über Gott, die ich übrigens mehr mit seiner weiblichen Seite verbinde, mit diesem Prinzip des Dunklen, Fließenden, Rätselhaften.

Seitdem ich gefühlt habe, dass dieses Göttliche auch weiblich ist, fühle ich mich nicht mehr allein, bin ein Teil der anderen. Verbunden mit ihnen durch eine Kraft, die liebevoll ist, voller Verständnis und die verzeihen kann. Dafür bin ich dankbar.

Die Mutter Gottes ist auch Gott-Mutter. SIE ist die Frau und SIE ist Gott. Sie ist die Himmelskönigin, die auf dem Mond steht und von Sternen umgeben ist – sie ist ein Teil der göttlichen Energie. SIE ist die weibliche Seite Gottes.

Bilder und Statuen zeigen Maria schon lange als Himmelskönigin, oft mit den Insignien ihrer Macht: Auf dem Kopf die Krone, unter ihren Füßen die Erdkugel, mit dem Mond als Symbol des Weiblichen und den Sternen als Lichter des Himmels. Die Krone auf ihrem Kopf, die sie auch auf anderen Darstellungen als Jungfrau oder Mutter zeigt, war in den vergangenen Jahrtausenden ein Hinweis auf die weltliche Macht. Der Mensch sollte der Macht untertan sein. Wie sich die gekrönten Herrscher dieser Himmelskönigin beugten, so sollte das Volk sich vor seiner Obrigkeit beugen und ihr gehorchen.

Sie ist auf diesen Abbildungen prächtig anzusehen, manchmal mit einem großen Mantel bekleidet, unter dem sich die Verfolgten flüchten können. Schön und stark, weich und kraftvoll zugleich. Nicht mehr Jungfrau, nicht länger nur Mutter. Eine Frau voller Weisheit und Weiblichkeit, alterslos, immerwährend. Ein Fixpunkt für alle, die Rat brauchen, Hilfe, Unterstützung. Die um ihre Stärke wissen und sich gleichzeitig schwach fühlen. Die den Mut haben, sich einer starken Frau zu nähern, weil sie fühlen, dass sie diese weiblichen Kräfte auch in sich haben: Gefühle, Intuitionen, Einlassen, Führsorge. Damit spricht die Darstellung der Himmelskönigin Männer und Frauen gleichermaßen an, weil der Mensch, will er ganz werden, beiden Teilen in sich Raum geben muss.

Zum Bild Marias als Himmelskönigin gehört auch ihr geheimnisvolles, unerwähntes Ausscheiden aus dieser Welt. Nichts über ihre letzten Lebensjahre in diesem Leib, nichts über ihren Tod, keine Schilderung eines Martyriums, kein Grab, nichts. Es ist, als sei Maria nie gegangen, als sei sie immer noch hier.

Wer die Himmelskönigin so sieht, schön und stark in ihrer Weiblichkeit, sieht eine Frau, die göttlich ist – das Symbol für das Weibliche in Gott. Damit erfüllt sie ihre

Aufgabe, sie weist uns zu Gott und erinnert uns an die Vollkommenheit Gottes. Wenn wir zu Maria beten, beten wir auch zu IHR, wenn wir Maria anschauen, sehen wir IHR Gesicht.

Alles fügt sich in diesem Augenblick und ich verstehe, was mich diesen Weg hat gehen lassen. Ich konnte es nicht benennen, nun ist alles klar vor mir. In einer finsteren Zeit im Leben sind wir auf der Suche nach einem Licht, das uns den Weg zeigt, an dem wir uns ausrichten können. Dieses Licht kann außen sein; Menschen sind bei uns, begleiten uns, unterstützen uns. Es tut gut, Freunde und Familie zu haben, ein intaktes soziales Netz, eine Gemeinschaft, Halt, wenn alles um uns zerbricht.

Und doch ist dieses Licht, das von außen kommt, nicht wirklich jenes, das wir suchen. Dieses Außen ist auch eine Abhängigkeit von anderen, dass sie da sind, wenn wir sie brauchen. Uns stärken, nicht mit Kritik überhäufen, sich so verhalten, dass es uns gut tut.

Irgendwann stellen wir fest, dass etwas fehlt. Die Leere bleibt, der innere Hunger bleibt. Je mehr Kontakte wir haben, je größer der Kreis von Menschen, die uns nahe stehen, je aufwändiger unser Leben ist, desto weiter entfernen wir uns von unserem Inneren. Es ist wie eine Mauer, die wir selbst aufgebaut haben, um uns zu schützen, wenn wir Zugang zu unserem Inneren suchen. Dahinter ist das Bild, was wir selbst von uns haben.

Wenn wir uns Stille und Zeit geben, schwindet der Widerstand, kann die Mauer dünner werden, die uns von unserem Inneren trennt. Das Ego stellt sich als ein Konzept heraus, austauschbar und veränderbar – wie das Konzept *Beziehung* oder *Beruf und Berufung* oder viele andere Gedankenhüllen, von denen wir glauben, sie seien wichtig im Leben.

Solche Konzepte sind abhängig von der Menge der Erfahrungen, von Zeitgeist und Alter, der Kultur, in der wir leben, und das zeigt, wie beliebig sie sind.

Dann erkennen wir in uns ein Licht. Es brennt ohne Nahrung, ohne Bestätigung durch das Außen. Es ist da, schon seit Anbeginn unseres Lebens, und wartet geduldig darauf, uns zu er-leuchten. Dieses Licht begleitet uns durch unsere Leben und ist das Einzige, was Bestand hat, wenn wir dieses Leben verlassen. Dieses Licht ist göttlich.

Wenn wir das Licht in uns selbst erkennen, finden wir die Geborgenheit und Liebe in uns, die uns niemand geben kann, wenn wir sie nicht zuerst in uns spüren. Vor dem Außen steht das Innen, wir können nur finden, was wir schon kennen, vielleicht aus einem anderen Leben oder weil es ein Bewusstsein gibt, das uns mit allem verbindet, was jemals war, ist und sein wird.

Alles, was wir finden, schafft Raum für Neues, öffnet eine Tür. Es war ein langer Weg bis hierher. Gefunden habe ich SIE über meine eigene weibliche Geschichte und ihre Verarbeitung. Immer, wenn ich bereit war, Neues zuzulassen, war SIE da und zeigte sich mir. Erst als ich begann, mir selbst zu vertrauen in dem, was ich wahrnahm, konnte ich dem vertrauen, was SIE mir zeigte, und letztendlich auch Maria vertrauen.

Das weibliche Prinzip im Leben zeigt sich auch in der Vergänglichkeit aller Dinge, im Dunklen, Weichen, Fließenden, in dem, was sich anpassen kann. Die Anstrengung, das Kritische, hartnäckig Suchende auf dem Camino in mir – all das wäre diesen äußeren Weg vermutlich weiter gegangen. Beide Anteile, Yin und Yang, haben sich verbunden. Das Weibliche und Männliche streben zusammen, um sich zu vereinigen im Innen und Außen. In dem Maße, wie ich mich im Inneren heil fühle und Maria zulasse, wende ich mich auch IHM zu, denn sie sind eins – in mir.

Santiago de Compostela

Am 15. Juni, pünktlich um 12.00 Uhr zur Pilgermesse, erreiche ich die Kathedrale. Dieser Weg ist zu Ende. Seit dem 21. April bin ich unterwegs, an 44 Tagen bin ich gewandert, 850 Kilometer liegen hinten mir. Eine Leistung, auf die ich stolz bin. Ich hatte keine Blase an den Füßen, nur eine leichte Zerrung im Bein, schon lange keinen Muskelkater mehr, habe einen aufrechten Gang bekommen, bin zwei Zentimeter größer, wie ich zu Hause feststelle. Ich fühle mich wunderbar, stark, weich, frei und gleichzeitig verwirrt, wenn ich an meine Reise mit Maria denke. Mit diesem Widerspruch kann ich aber zunächst gut leben. Alles hat seine Zeit. Jetzt in Santiago de Compostela geht es darum, das Ende zu zelebrieren.

Hier in der Kathedrale soll der Apostel Jakobus seine letzte Ruhe gefunden haben. Nachdem er zunächst in Spanien die Botschaft Jesu verkündet hatte, ließ ihn Herodes bei seiner Rückkehr nach Palästina durch das Schwert töten. Seine Gebeine wurden mit dem Schiff zurück nach Galicien transportiert. Als das Schiff Spanien erreichte, soll ein junger Adeliger voller Begeisterung ins Meer geritten sein – und verschwand. Santiago soll ihm geholfen haben, das rettende Ufer zu erreichen, über und über mit Muscheln bedeckt. Die gängigsten Darstellungen zeigen ihn mit Wanderstab und Muschel am Hut. Im Jahre 813 wurden die Überreste eines Menschen gefunden, der besagter Santiago (spanisch für Jakobus) gewesen sein soll. Er wurde gerade zur rechten Zeit gefunden. Die Mauren hatten große Teile der Iberischen Halbinsel eingenommen. Dieser Fund legitimierte den Kampf gegen die Ungläubigen, das restliche Europa unterstützte wirtschaftlich und finanziell. Nun beginnt das zweite – schreckliche Wirken des Jakobus. Im Jahre 844 erscheint er in der Schlacht gegen die Mauren auf einem Schimmel und verhilft den Christen zum Sieg über die Besetzer. Die Abbildung der Legende zeigt ihn säbelschwingend, zu seinen Füßen die Getöteten.

Später ging Santiago noch einmal verloren, bevor er endgültig einen Ruheplatz für seine Gebeine fand. Nun liegt er also hier, jedenfalls hat die katholische Kirche diese Gebeine für echt befunden. Die Unesco hat Santiago de Compostela zum Kulturgut der Menschheit erklärt.

Gleichgültig, was an dieser Geschichte stimmt, Santiago de Compostela ist das äußere Ziel. Es ist schön, so etwas Äußeres zu haben, ein Bild, das während des Weges das Ziel repräsentiert, wird später ein Symbol für das Erreichte.

Das Entscheidende hat sich während des Weges ereignet. Menschen sind wie Blumen, sie brauchen liebevolle Zu-Wendung und gesunden Frei-Raum zum Gedeihen. Davon gibt es reichlich auf dem Weg, so man will.

Angelika kommt gemeinsam mit mir an. Dick ist schon da, Peter nur wenige Minuten nach uns. Tränen der Freude und Erleichterung laufen mir über die Wangen. Es ist geschafft! Zwei Tage feiere ich mein Ankommen mit anderen. Täglich erreichen weitere Pilger Santiago, die ich kenne. Wir sitzen auf den Plätzen in der Sonne, schauen eine Prozession an, bewundern das Outfit derjenigen, die sich nach den Wochen in Wanderkleidung erst einmal neu eingekleidet haben. Abends sitzen wir an großen Tischen. Reden deutsch, englisch, spanisch, holländisch oder schweigen. Die Gesichter um mich herum sind entspannt, sehen jung und glücklich aus. In die Freude mischt sich Wehmut. Es geht zu Ende. Dieser Teil des Lebens stirbt.

Treffpunkt ist immer wieder die Kathedrale, in der täglich mehrere Gottesdienste stattfinden. Ich bin gerne dabei. Fühle mich wohl und zugehörig. Verstehe nicht, was da vorne gesagt wird, und bin froh darüber. So kann ich mit meinen eigenen Gedanken allein bleiben, in denen die Reizworte Schuld, Sünde und Kreuz nicht vorkommen. Auch wenn ich nicht den Glauben habe, der hier gelebt wird, hier darf ich sein.

Es war ein großes Dilemma meines Lebens, dass ich so oft Rollen und Plätze innerhalb einer Gruppe angestrebt habe, die bereits durch andere besetzt waren. Es ist wichtig, das Eigene im Leben zu finden, da, wo man sich innen und außen zu Hause fühlen kann. Es gilt, das Eigene und Unverwechselbare zu erkennen und zu leben. Hier in Santiago, in dieser Kathedrale, bin ich zu Hause, hier darf ich sein. Nicht nur, weil ich den äußeren Weg gegangen bin.

Es ist so feierlich, anrührend und schön hier in der Kathedrale. Da haben die katholischen Kirchen den evangelischen einiges voraus. Menschen brauchen sichtbare Symbole, denn die Augen sind das Tor zur Seele. Ein dunkles Kreuz auf weißer Wand hat so etwas Bedrohliches für mich. Es erinnert mich nur an Schuld, Qualen und Tod. Es fällt mir immer noch schwer, es mit Liebe, Glück und Leichtigkeit in Verbindung zu bringen.

Zeit steh' still, wünsche ich mir manchmal. Aber Leben ist Veränderung – immer wieder. Es gibt die Geschichte eines Mannes, der von einem vorbeireitenden Ritter getötet wird, weil er ausruft „Zeit, steh' still" – wer die Veränderung nicht will, der will auch das Leben nicht, ist die Botschaft der Geschichte.

Veränderung ist die einzige verlässliche Konstante im Leben, das Einzige, worauf man sich verlassen kann, auch wenn es einem manchmal schwer fällt zu akzeptieren, vor allem in so glücklichen Zeiten wie diesen.

Am dritten Tag weiß ich, nun ist auch mein Abschied gekommen. Täglich erreichen jetzt Pilger Santiago, die ich nicht kenne. Ich beginne mich fremd zu fühlen. Hier kann ich loslassen, dieser Camino ist zu Ende, mein persönlicher Camino geht weiter.

Wenn ich mir am Anfang vorgestellt habe, wie es wohl sein würde, Santiago de Compostela erreicht zu haben, so habe ich an Erschöpfung, Blasen an den Füßen und einen konkreten Plan für meine Zukunft gedacht. Nichts davon ist eingetroffen. Ich fühle mich beschwingt und ausgeruht, könnte gut noch weiterlaufen. Würde es einerseits gerne tun, um die Ratlosigkeit durch Aktivität zu überspielen. Andererseits ist es wohl besser, genau das nicht zu tun und die Unsicherheit auszuhalten. Ein paar Tage Strandleben an der Küste Galiciens, dann geht es zurück.

Für die Rückreise nehme ich den Flieger mit Zwischenstopp auf Mallorca. Die sechs Stunden Wartezeit auf meinen Anschluss verbringe ich auf dem Flughafen. Es ist Nacht, die Hallen scheinen ausgestorben zu sein, bis ich auf ein geöffnetes Restaurant im ersten Stock stoße. Davor eine Gruppe mit Kids aus England, weiß im Gesicht, übernächtigt, mit roten Augen. Wahrscheinlich sind sie direkt aus der Disco zum Flughafen gefahren. Eine andere Welt. Ich esse ein Bocadillo. Der Kreis hat sich geschlossen.

Auf Spurensuche

Es gibt keine Vision, wie mein Leben von nun an verlaufen soll, was ich erreichen will, kein Ziel für die nächsten drei, fünf, sieben, zehn Jahre. Nicht einmal wo ich wohnen will, ist mir klar geworden. Es hat Augenblicke gegeben, in denen ich mich mit diesen Fragen beschäftigt habe, auch Gespräche, die diese Richtung einschlugen. Aber es fehlt die Kraft, die Intuition, das gefühlte Wissen um die Richtung.

Noch ist Zeit, mein Aussteigerjahr ist nicht zu Ende. Also wandere ich, reise, besuche Freunde. Die Vergangenheit liegt hinter mir, die Zukunft beginnt heute. Jetzt bin ich im Fluss, lasse mich treiben, sehe kein Ufer. Manchmal habe ich Angst, wünsche mir Klarheit, will wissen, was ist, wohin die Reise geht. Es gibt Überfälle von Existenzangst, plötzlich und ohne konkreten momentanen Bezug. Eine ganz reale Angst, wenn ich so weiterleben würde.

Kirchen besuche ich, wenn gerade keine Andacht stattfindet. Hier fühle ich mich besonders verbunden mit denen, die mit mir auf dem Camino waren. Ich schließe die Augen und sehe ihre Gesichter vor mir, sehe uns durch Galicische Dörfer gehen, in denen die Häuser und Straßen so aussehen, als sei die Zeit vor fünfzig Jahren stehen geblieben, sehe Frauen in Kittelschürzen Kühe vor sich hertreiben und mitten in einem solchen Ort einen großen, chromblitzenden Cola-Automaten. Ich sehe Wege im Nieselregen, einen kleinen Fluss, den wir barfuß durchqueren, sehe Sonne in Finisterre, am Ende der Welt, und die weißen Sandstrände Galiciens. Ich sehe uns lachen, Anhöhen schwitzend emporstapfen, die endlosen Wege der Meseta. Dann sende ich liebevolle Wünsche denen zu, die mir dort begegnet sind, und nehme sie in Gedanken in den Arm. Ich bin nicht traurig, dass es zu Ende ist, die Erinnerung macht mich voll und reich. Wer mich so sieht, wird das für ein Gebet halten.

SIE bleibt bei mir. Auch in meiner vertrauten Umgebung, merke ich mit Erstaunen. Die Zeit vergeht, es gibt neue Einflüsse, neue Menschen. SIE ist da, das fühle ich. Das Vertrauen in IHRE Existenz wird nicht weniger, bleibt konstant. In dem Maße, wie ich IHR zu vertrauen beginne, dass SIE bei mir bleiben wird, wächst das Vertrauen in mich. Es ist also wahr, was ich erlebt habe, kein Hirngespinst, nicht nur das Ergebnis einer meditativen Reise, mit viel Sonne und Anstrengung, aber auch möglich durch viele Stunden Meditation.

Mit der Zeit wird mir klar, auf welchem Camino ich mich jetzt befinde. Die Vergangenheit ist noch nicht abgeschlossen, wenn es um Spiritualität und Religion geht, um die Wurzeln meines Glaubenssystems. So einfach gelingt der Wechsel in die Gegenwart nicht.

In der Familie und bei meinen Freunden stoße ich auf Unverständnis, wenn ich zaghaft über das spreche, was ich mit Maria erlebt habe. Buddhismus, New Age, Schamanen, Tarot, Pendel, alles noch irgendwie verständlich, wenn auch mit einigen Mühen. Aber Maria aus dem Christentum...?! Wen interessiert denn das? Damit ist immer noch das Bild der frömmelnden, weltfremden Leute verbunden, die, weil sie Frieden im Seelenheil suchen, ein paar Rosenkränze zu Maria beten. So gehe ich diesen Weg zunächst für mich allein und nehme den Faden dort auf, wo ich ihn abgelegt habe.

Wer ist sie, wer ist diese Maria? Wie kann ich so sicher sein, dass Maria die weibliche Seite Gottes ist? Was kann man heute noch Neues über Maria erfahren? Das ist doch alles schon bekannt. Ist Maria nicht eher der alte, zerbeulte Hut auf dem Kopf Ewiggestriger? Darauf habe ich auch keine Antworten. Was liegt näher, als auf Spurensuche zu gehen, und Spuren beginnen beim Anfang, an der Quelle. Also suche ich zunächst in der Bibel nach Maria und stoße auf eine spannende Beziehungsgeschichte.

Die früheste und somit vermutlich authentischste Nennung von Maria erfolgt bei Paulus, der im Brief an die Galater (4.4) mit ca. 57-jähriger Verzögerung, schon einige Jahre nach Marias Tod, schreibt: *...sandte Gott seinen Sohn, geboren von einem Weibe...* Gott sendet seinen Sohn. Maria bringt ihn zur Welt. Kein Wort von ihrer Jungfernschaft, kein Wort, dass sie die Mutter Gottes ist. Eine junge Frau bekommt ein Kind.

Bei Matthäus wird Maria schwanger vom Heiligen Geist (Matt. 1.18), was dem von Paulus Geschriebenen nicht widerspricht. Aber nur bei Matthäus und Lukas ist sie noch Jungfrau. Besser gesagt, in den Texten, die wir ihnen zuschreiben, und den Übersetzungen, die vorliegen.

Das Besondere an dieser jungen Frau ist, mit welchem Vertrauen in ihren Gott sie sich, als noch nicht verheiratete Frau, auf die Schwangerschaft einlässt. Wie mutig sie ihr Schicksal annimmt. Mit welcher Leichtigkeit der Jugend sie Altes loslässt und zu neuen Ufern aufbricht. Wenn es so etwas wie einen göttlichen Plan gibt, dann ist Gott auf eine Frau wie Maria angewiesen: eine, die ihn liebt und sich ohne Wenn und Aber auf seine Zukunftspläne einlassen kann. Eine, die begeistert davon ist, seine Sache zu ihrer zu machen. Eine, die sich erhöht fühlt, wenn sie hilft, seinen Plan zu erfüllt.

Als der Engel der Verkündigung zu ihr kommt, stimmt sie der Schwangerschaft zu; aus der Position der abhängigen Magd heraus unterwirft sie sich Gottes Plan. Andererseits, hätte sie nein sagen können, wo doch ihr Sohn König sein wird, auf einem Thron? Wohl kaum. Die Rede des Engels ließ auch keinen Widerspruch zu – Maria war ja noch ein Kind und diese hatten zu gehorchen. Welches Mädchen in ihrem Alter hätte nicht mit Freuden den versprochenen Messias zur Welt gebracht. Die Frage – warum gerade Maria? – reizt natürlich. Aber dazu müssten wir die Alternativen kennen, um eine Aussage machen zu können. Die Ereignisse der nächsten Jahre zeigen aber, dass Gott eine gute Wahl getroffen hat.

In ihrer Aufregung und Freude läuft Maria zu Elisabeth, die gerade schwanger ist mit Johannes, und verkündet ihre Freude im Magnifikat. Diese Stelle, mit der vorher beschriebenen Verkündigung durch den Engel, ist mit Abstand die längste und aussagestärkste Stelle.

Meine Seele erhebet den Herren... und den preist sie auch in aller Ausführlichkeit und Liebe... *denn er hat die Niedrigkeit seiner Magd angesehen* ... indem sie sich klein zeigt und voller Demut, weiß sie, dass sie von nun an eine besondere Stellung haben wird... *von nun an werden mich selig preisen alle Kindeskinder...* (Luk 1.46)

Damit wird sie Recht behalten. Wenn ihr auch diese Passage von einigen Kritikern als Stolz ausgelegt wird, und der steht einer demutsvollen Magd, bisher ohne jeden himmlischen Verdienst, nicht zu. Ihre Stellung wird mit den Jahrhunderten wachsen. Sie wird groß und bedeutend sein, mehr als jede andere Frau. Von nun an hat sie die höchste Stellung, die Frauen im Gesellschaftssystem dieses Kulturraumes einnehmen können: Sie ist die erste Frau – hinter dem ersten Mann.

Blicken wir auf das wechselnde Muster von Abhängigkeiten, dann sind Gott und Maria von nun an ein Paar. Jeder braucht den anderen, um die Aufgabe zu erfüllen, diesem Kind das Leben zu schenken und es liebevoll großzuziehen, damit es wiederum seine Aufgabe erfüllen kann.

Maria symbolisiert zu Beginn ihrer Entwicklung den jungen Menschen, der sein Herz auf der Zunge trägt, spontan ist, mutige Entscheidungen treffen kann und für seine Liebe Wagnisse eingeht. Sie symbolisiert damit aber auch das junge Mädchen in uns. Voll der Hoffnung und Euphorie, begeisterungsfähig, bereit, uns einzulassen, nur aus dem Gefühl heraus, nur aus dem Moment heraus – gleichgültig, wie alt wir sind. Bereit zur Hingabe, ein Kind zu empfangen und zur Welt zu bringen, bereit, Verantwortung dafür zu übernehmen, bereit, andere Interessen zugunsten dieser neuen Liebe zurückzustellen – auch wenn dieses „Kind" ein neues Projekt, eine neue Aufgabe, ein neues Zuhause oder was auch immer ist.

Maria macht es uns vor, wie man sich lauthals freuen kann. Da kann man nicht zu Hause sitzen und alles seinen normalen Gang gehen lassen. Mit so viel Freude kann man nicht ruhig auf dem Stuhl sitzen. Diese Freude braucht Bewegung und Austausch. So geht Maria zu Elisabeth, die genau wie sie durch die eigene Schwangerschaft überrascht ist. Drei Monate bleibt sie dort. Es sieht so aus, als sei sie kurz vor der Geburt des Johannes wieder gegangen. So unbekümmert verhält sich eine junge Frau, oder was war der Grund?

Sechs Monate später wird Maria Mutter, unter nicht gerade optimalen Bedingungen. War es eine schwere oder leichte Geburt? Wie lange hat sie gedauert? Wer hat ihr Schreien in den Wehen gehört? Wer hat ihr geholfen? Hatten die Hirten auch Frauen? Sind die gekommen? Wer hat für Maria etwas Warmes gekocht? Wir wissen es nicht. Die Überlieferung ist unbefriedigend, weil menschliche Details untergehen, weil der Sohn von nun an wichtiger scheint als die Mutter.

Maria ist bei der Geburt Gefäß und Kanal für den Plan ihres himmlischen Mannes. Alles Augenmerk richtet sich von nun an auf den Jungen im Rampenlicht. Künftige Generationen halten an dieser Darstellung fest. Wenige Krippenszenen zeigen Frauen bei Maria. Meist ist sie die einzige Frau unter Männern. Ist das der Preis der Erhöhung über andere Frauen?

Maria trägt ihren Teil zum Gelingen des göttlichen Planes bei. Gott übernimmt den männlichen Part. Er schafft stabile Rahmenbedingungen und beschützt seine Familie: Er wird aktiv, als sich Leihvater Josef aus der Verbindung zurückziehen will, und lässt es nicht zu, dass er abhaut. Gott gibt auch den Hinweis zur Flucht, als das Leben seines Sohnes gleich nach der Geburt in Gefahr ist.

Wenn ein Menschensohn der versprochene Messias ist, dann braucht er eine Familie, in die er hineingeboren wird. Er braucht einen Stammbaum für sein Umfeld, auf den er sich berufen kann. Maria braucht das für ihr Kind und für ihr eigenes Ansehen. In unserer Gesellschaft könnte sie als allein erziehende Mutter bestehen, vor zweitausend Jahren war das schier unmöglich für eine Frau, die ihren guten Ruf und ihre finanzielle Versorgung für sich und ihr Kind erhalten wollte. Und so leitet sich der Stammbaum von Jesus über seinen Leihvater Josef ab, über David bis hin zu Abraham (Matt.1.1).

Wie es in den nächsten dreißig Jahren weitergeht, der Zeit, in der ihr Kind sich auf seine Aufgabe vorbereitet, wissen wir nicht. Mit zwölf Jahren geht Jesus verloren. Drei Tage suchen Maria und Josef ihren Sohn, im Tempel finden sie ihn: *Wisst ihr nicht, dass ich sein muss in dem, was meines Vaters ist?* (Luk. 2.49) Woher weiß Jesus das? Ist es das Wissen um seine Stellung auf der Welt, oder hat er dieses Wissen von seiner Mutter, die ihn über seine Zeugung und Mission aufgeklärt hat? Vielleicht beides, wir wissen es nicht. Das scheint auch für die nächsten Jahre nicht von Bedeutung zu sein. Es passiert lange nichts, was überliefert wird.

Ihr Sohn lässt sich wirklich Zeit, bis er seine Berufung annimmt, jedenfalls muss es einer Mutter so vorkommen, der ein König versprochen wurde, der Sohn des Höchsten. Es ist zu vermuten, dass Jesus über intellektuelle Bildung verfügt, seine emotionale Intelligenz bereits gezeigt hat, anders ist als andere – aber wissen wir es?

Die Freunde und Spielgefährten seiner Jugend haben vermutlich bereits selbst Kinder. Jesus ist ein gestandener Mann, mitten im Leben, ist der Erstgeborene und damit Oberhaupt der Familie, seitdem Josef gestorben ist, denn von dem hören wir nichts mehr. Nun nimmt er sich eine Auszeit und geht vierzig Tage in die Wüste, fastet und meditiert. Sein Vater stellt ihn auf die Probe, schickt ihm Bilder der Macht und Versuchung durch eines seiner Geschöpfe. Jetzt entscheidet es sich: Hat sein Sohn genügend innere Festigkeit und Weisheit, um seine Aufgaben in den nächsten Jahren zu erfüllen? Hat er genug gelernt? Er hat! Ist sein Herz bereit? Es ist!

Er widersteht allen Versuchungen und bekennt sich zu seinem Gott. Jesus ist ungefähr dreißig Jahre alt, als er aus der Wüste zurückkommt. Seine Mutter Maria kann stolz auf ihren Sohn sein, er hat sich gut entwickelt. Daran wird sie sicher einen nicht unerheblichen Anteil gehabt haben. Gerade durch die Nichterwähnung ihrer letzten Jahre wird sie zum Symbol für weibliches Wirken: aktiv, fleißig, hingebungsvoll – aber stets im Hintergrund.

Jesus hat bereits einige Jünger um sich geschart, Menschen, die an ihn glauben, ihm vertrauen, aber noch immer fehlt der Schritt in die Öffentlichkeit. Bei Johannes gibt Maria ihrem Sohn den Anstoß, den er noch braucht (Joh. 2). Bei der Hochzeit zu Kanaa ist kein Wein mehr da. Heute würde eine Mutter in einer solchen Situation zu ihrem Sohn sagen: Nun mach schon Junge, ich weiß, dass du es kannst. Dein Vater ist auch damit einverstanden, er vertraut dir. Worauf wartest du noch? Das ist deine Chance. Ich glaube auch an dich, du schaffst das.

Seine Reaktion ist eher spätpubertär: *Was geht's dich an Frau, was ich tue? Meine Stunde ist noch nicht gekommen.* (Joh. 2.4) Na bitte, Jesus ist wirklich ein Menschensohn, der von Zeit zu Zeit Schwierigkeiten hat, dem Mütterlich-Fürsorglichen ein ruhiges, erwachsenes Selbstbewusstsein entgegenzusetzen. Aber dann verwandelt er doch das Wasser in Wein. Endlich, Maria wird aufgeatmet haben. Sein Wirken beginnt. Er zieht durchs Land, ein Tross von Menschen in seinem Gefolge.

Bald zeigt sich, wie revolutionär Jesus von Nazareth ist: *...Ich bin nicht gekommen, Frieden zu senden, sondern das Schwert...* Er ist einer, der die alte Familienordnung aufhebt ... *ich bin gekommen, den Menschen zu erregen wider seinen Vater...* (Matt. 10.34), er ist intelligent und argumentationsstark im Disput mit Schriftgelehrten, unabhängig im Denken, gleichzeitig voller Mitgefühl für Randgruppen. Ein Intellektueller? Ja! Ein Zimmermann? Da habe ich meine Zweifel.

Seine Botschaft ist überzeugend, immer mehr Menschen schließen sich ihm an, folgen ihm, glauben an ihn. Das Land wartet auf den versprochenen Messias. Ein Mensch, der solche Wunder vollbringt, so tief in die Herzen der Menschen sehen kann, so außerhalb der gesellschaftlichen Normen lebt – kann nur der versprochene Messias sein. In seinem Gefolge sind auch Frauen, die mit ihm umherziehen und dieses Leben finanzieren. Wer spricht heute von ihnen? In unserer Überlieferung sind es immer nur zwölf Jünger.

Nach und nach bringt er die staatliche und religiöse Obrigkeit gegen sich auf. Er verspricht Erlösung, allein durch den Glauben und das Vertrauen. Der Glaube reicht als Eintrittskarte ins Paradies. Das Vertrauen bewirkt Wunder. Heilungen geschehen allein, weil die Menschen ihm vertrauen. Er legt sich mit den Mächtigen an und redet mit den Ausgestoßenen.

Seine tiefe Botschaft ist *Liebe.* Liebe im Himmel und auf Erden, Liebe zu allen Menschen, gleichgültig, welchen Geschlechts und welcher sozialen Stellung in der Gesellschaft. Jesus steht mit seiner Liebe zwischen den Menschen und ihrem Bild von einem strafenden, gewaltsamen Gott. Er zeigt damit, dass Liebe die stärkste Macht aller Welten ist.

Seine Liebe zeigt sich im Umgang mit allen Menschen, aber besonders mit den gesellschaftlich Verachteten: Zöllnern, Aussätzigen, Ehebrecherinnen, unreinen Frauen. Er spricht Frauen an, obwohl – oder weil es der Moralvorstellung der jüdischen Gesellschaft widerspricht. Er heilt

Frauen, die Prostituierte sind. Er heilt von Dämonen Besessene. Er nimmt sich derer an, die ganz unten sind, verachtet und ihrer Würde beraubt, die sich nicht einmal trauen, vor ihn zu treten, wie der Zöllner auf dem Baum oder die blutende Frau.

Das ist das wirklich Revolutionäre der Schriften über die Botschaft Jesu, er sieht in die Herzen der Menschen und löst sich vom gesellschaftlichen Kontext. Der gespendete Pfennig einer armen Frau ist mehr wert als die großzügige Gabe eines Reichen.

Jesus wird in heutigen Schriften manchmal als androgyn bezeichnet. Seit C.G. Jung ist im westlichen Denken bekannt, dass Männer auch über weibliche Anteile verfügen und umgekehrt Frauen über männliche Anteile. Ein Mensch, bei dem beide Anteile ausgeglichen erscheinen, nennen wir androgyn. Bei Jesus ist das Fürsorge, Hingabe und Spontaneität auf der einen Seite, eine Aufgabe, die Anstrengung, Kraft und Durchsetzungsfähigkeit bedeutet, auf der anderen Seite. Liebe ist das verbindende Element, gepaart mit Weisheit. Er ist das Kind seiner Eltern, ihre Anteile verbinden sich in ihm. Er lebt die Anteile seiner Eltern. Darüber hinaus fügt er das hinzu, was sein Eigenes ist, wird dadurch zu einer eigenständigen, unverwechselbaren Persönlichkeit. Er ist selbstständig geworden, lebt sein eigenes Leben.

So hat Maria das vermutlich nicht haben wollen. Sie erkennt, wohin diese Art zu leben und zu lehren hinführen kann. Rebellen haben keine lange Lebenserwartung. Also geht sie als besorgte Mutter noch einmal zu ihm, nimmt seine Brüder mit, will mit ihm sprechen, vielleicht ihn ermahnen. Er empfängt sie nicht einmal. Er entsagt seiner Ursprungsfamilie und bekennt sich zu seiner Glaubensgemeinschaft.

Dieses Verhalten würde jeden Menschen verletzen, um wie viel mehr seine Mutter. Die arme Maria, ihr Erstgeborener behandelt sie schlecht, ihre restlichen Kinder werden ihr durch ihre lebenslange Jungfernschaft glatt abgesprochen.

Jesus kann seinen Weg nur gehen, wenn er Altes zurücklässt. Neues kann nur ohne die Fesseln des Alten beginnen. Maria und Jesus lassen beide los, ob von beiden Seiten freiwillig, sei noch dahingestellt. Es scheint, dass Maria in räumlicher Distanz zu Jesus gelebt hat. Als kluge Mutter wird sie verstanden haben, dass es an der Zeit ist, ihr Kind loszulassen. Kinder brauchen Wurzeln, wenn sie klein sind – und Flügel, wenn sie groß geworden sind.

Drei Jahre dauert der Weg ihres Sohnes, dann sitzt Jesus in der Nacht im Garten Gethsemane und hat Angst vor dem Ende. Wie zu Beginn seines Weges, so ist es zuerst der Vater, mit dem er spricht. (Luk. 22.39) Aber sein Schicksal ist bestimmt, es gibt kein Zurück mehr. Hat er zu Beginn seines spirituellen Weges mit Gott, seinem Herrn, gesprochen, so ist es jetzt Gott, der Vater, an den er sich wendet... *Vater... nimm diesen Kelch von mir.*

Ob seine Mutter am Kreuz war? Nur bei Johannes, im jüngsten Evangelium, findet sich dafür ein Beleg (Joh. 19.25), geschrieben ca. achtzig Jahre nach den Ereignissen.

Hier geschieht etwas Versöhnliches zwischen Jesus und Maria. Sie ist da, in der Stunde seiner Not, als er glaubt, sein Vater habe sich von ihm abgewandt. Sie hält zu ihm. Damit wird sie erneut zum Symbol der unerschütterlichen, bedingungslosen Liebe. Zur geöffneten Hand, die immer da ist, was auch geschehen ist. Damit erfüllt sie ihren Part im Geschehen, sie zeigt durch ihre Präsenz Liebe und Mitgefühl, obwohl sich ihr Sohn von seiner Familie losgesagt hat, zugunsten einer großen Familie, die wir heute Gemeinde nennen.

Durch ihr „Standing" wird sie zur Ansprechpartnerin, zum Halt für alle, die Schmerz empfinden, einen Verlust erleiden, trauern, Angst haben. Sie versteht, was die Menschen bewegt. Sie flüchtet nicht vor dem Leid und dem Tod, sie bleibt. Wir können damit die Zuversicht verbinden, dass sie auch bei uns bleibt, wenn wir in Not sind, wenn wir dieses Leben verlassen. „... sei bei uns jetzt und in der Stunde unseres Todes."

Wer ein Kind verloren hat, sagt, dass dies der größte Schmerz und Verlust sei, viel größer als jede andere Trauer. Damit stirbt die Hoffnung, die Zukunft. Nach diesem *Stirb* scheint es kein neues *Werde* geben zu können. Das ist der zweite Blickwinkel auf Maria. Sie erweckt Mitgefühl in uns. Das schafft Nähe und Verbindung. Das ermöglicht die Identifikation mit ihr aus unserem eigenen Erleben heraus.

Noch in seinem Sterben zeigt Jesus am Kreuz, dass nach seinem Tod Neues folgen wird. Er vertraut Maria einem seiner Jünger an, und ihr gibt er damit einen neuen

Sohn. Somit hat sie innerhalb seines engsten Kreises von Vertrauten wieder ein Bindeglied, wird in seine Gemeinschaft aufgenommen, wird Teil seiner neuen Familie, und damit beginnt wieder Neues – *stirb und werde,* immer wieder.

Dies ist ein Akt der Versöhnung zwischen den beiden, nachdem er sie vor Jahren vor all den anderen Menschen so brüskiert hat, indem er sie vor der Tür stehen ließ. Hinzu kommt ein sozio-ökonomischer Gesichtspunkt: Witwen waren zur damaligen Zeit darauf angewiesen, bei ihren Kindern zu wohnen. Die Witwe eines Zimmermanns wird nicht über besondere finanzielle Mittel verfügt haben. Es ging also neben der Versöhnung auch um Fürsorge und Verantwortung. Der älteste Sohn hatte die Verantwortung für seine Mutter, so wollte es die Gesellschaft. Und so versöhnt sich der Revolutionär auch mit den Normen der Gesellschaft, gegen die er in den letzten drei Jahren seines Lebens permanent verstoßen hatte, um seiner Mission zu folgen.

Bei Matthäus, Markus und Lukas wird Maria am Kreuz gar nicht erwähnt, wohl aber andere Frauen. Vor allen anderen Maria von Magdala. Es scheint, als habe Maria von Magdala in den drei Jahren seines Wirkens und seiner Lehre eine wichtige Bedeutung für Jesus gehabt. Sie bleibt bei ihm während seiner Qual am Kreuz. Sie ist die Erste, der er nach seiner Auferstehung erscheint (Joh. 20.14) und mit der er spricht: *... Rühre mich nicht an, denn ich bin noch nicht aufgefahren zu meinem Vater...* Das klingt so anrührend und verletzlich und gleichzeitig voller Abwehr und Angst, fast wie „...führe mich nicht in Versuchung“. So sprechen Menschen, wenn sie sich zwischen ihrem Weg und ihrer Liebe entschieden haben.

Es gibt Vermutungen, dass Maria von Magdala die Frau seines Herzens gewesen sein soll. Sie unterstützte ihn finanziell (Luk 8.1), bei den Stellen, die die Anwesenheit mehrerer Frauen aufzählen, wird sie stets an erster Stelle genannt, das könnte darauf schließen lassen. Jesus wäre nicht der erste Mann in der Geschichte, dem ein zölibatäres Leben zugunsten der großen, allumfassenden Aufgabe zugeschrieben wurde. Nach zweitausend Jahren lässt sich vieles nur noch vermuten. Johannes hat sie beide unter dem Kreuz gesehen, oder möchte sie gerne vereint sehen, die zwei Marien im Leben Jesu.

Jesus stirbt am Kreuz. Er hat seine Aufgabe erfüllt. Was nun mit ihm geschieht, liegt nicht mehr in seiner Hand. Nach seinem Tod ist es sein Vater, der bei ihm ist, ihn zu sich nimmt und damit der Welt und allen, die an ihn glauben, die Hoffnung zurückgibt.

Wer zu Maria will, kommt an ihrem Sohn nicht vorbei, weil sie sich, zumindest in der Bibel, ausschließlich durch ihn definiert. Ohne Jesus keine Maria, aber ohne Maria auch kein Jesus. Der Knackpunkt ist die Sache mit der Vaterschaft.

Ich bin sicher nicht der erste Mensch, der sich fragt, ob Jesus auf diese Art gezeugt wurde und zur Welt kam und der daran zweifelt. Können wir heute damit leben, Jesus als Mensch zu sehen, entstanden durch die Vereinigung von Mann und Frau – Maria und Josef? Wird seine Lehre ohne den Nimbus der göttlichen Zeugung weniger wichtig? Ist das Eingreifen Gottes dadurch weniger sichtbar? Wohl kaum. Trotz allem ist er Gottes Sohn, wie wir alle Gottes Kinder sind. Wenn es einen Menschen gibt, der so in der Liebe gelebt hat, dann sollte das doch eigentlich Mut machen, auch den eigenen Weg danach auszurichten.

Ist sein Wirken weniger wichtig und real, wenn er Menschensohn wäre und bliebe? Oder können wir es nicht aushalten, dass ein Mensch über soviel Weisheit verfügt? Kann das nur ein Gott?

Würde er trotz der Entmystifizierung seines Leidensweges zum Kreuz ein Symbol für einen Menschen, der zum Märtyrer für seine Überzeugung wird, der sein Leben annimmt? Dann könnten wir seine Auferstehung als etwas betrachten, was auch heute geschieht, weil die Seele nicht mit dem Körper stirbt.

Nur wäre dann niemand für uns am Kreuz gestorben. Wir müssten selbst sehen, wie wir mit unseren Verfehlungen leben können. Wir müssten uns selbst zuerst vergeben können, um daraus zu lernen, wie wir anderen vergeben können.

Es gibt heute eine ganze Anzahl spiritueller Lehrerinnen und Lehrer, die ihre Wurzeln entweder im Buddhismus haben oder Sannyasins sind, womit wir heute in der Regel meinen, dass sie Schüler von Osho sind. Osho, eine Person voller Widersprüche: seine Lehre voller Weisheit und Liebe, gleichzeitig während seiner Zeit in Amerika Besitzer eines Waffenarsenals. Die Medien haben sich auf ihn gestürzt und alles ans Tageslicht gezerrt, das gegen ihn sprach. Das Besondere seiner Botschaft, seine tiefe Liebe zu allen Menschen, wurde dabei hauptsächlich unter die Begriffe Sex und Machtausübung subsumiert. Zugegeben, Osho hat wohl auch seinen Teil zu diesem Bild beigetragen, und in seinem Ashram sind schlimme Dinge passiert, glaubt man den Berichten derer, die dort waren, es erlebt haben. Größer ist jedoch die Zahl derjenigen, die so etwas weder erlebt noch beobachtet haben.

Noch immer verbinden wir Erleuchtung mit Armut. Oshos Vorliebe für Armbanduhren und Rolls-Royce passt da so gar nicht rein. Gandhi hingegen entspricht diesem Bild: Armut, passiver Widerstand, Gerechtigkeit.

Wie würde es wohl Jesus ergehen, wenn er die Welt in diesem Jahrhundert erneut betreten würde? Die moderne Technologie würde es möglich machen, seine Botschaft in Sekunden über die ganze Erde zu verteilen. Und dann?

Die christliche Religion ist erst 300 Jahre nach Christus vom Sektenstatus zur römischen Staatsreligion avanciert. In den folgenden 1700 Jahren hat sie es geschafft, von einer frischen, lebendigen und freudigen Lehre des Wortes und der Handlung zu einer staubigen, steifen, machtvollen Religion zu werden, die in ihren äußeren Formen erstarrt ist.

Eine bizarre Vorstellung: Jesus klopft in Rom an die Tür zum Vatikan: „Lasst mich rein Jungs, ich hätte da mal was mit eurem Chef zu besprechen." Wobei der Ort vermutlich austauschbar ist. Die Tür zur evangelischen Bischofssynode ist auch keine sich selbst öffnende Flügeltür.

Das Kreuz

Der Menschensohn ist am Kreuz gestorben, und die Lehrmeinung nimmt an, Jesus sei selbst ohne Sünde gewesen und habe alle unsere Sünden auf sich genommen. Maria wurde ohne Sünde gezeugt, empfing Jesus ohne Sünde, war ohne Sünde. Sie brauchte die Kreuzigung ihres Sohnes nicht. Für uns soll er gestorben sein.

Ich glaube, dort am Kreuz ist ein Mensch mit Stärken und Schwächen gestorben. Wenn Jesus mit einer Geißel jene aus dem Tempel hinaustrieb, die dort nichts zu suchen hatten, so mag das der Sache dienlich sein, ist aber ein Akt der Gewalt gegen andere. Gewalt ist ein Zeichen von Schwäche, Hilflosigkeit. Man glaubt, mit Worten nicht an sein Ziel zu kommen, dann also mit Gewalt. Wie Jesus mit seiner Mutter umgegangen ist, als er sie einfach hat vor der Tür stehen lassen, dient zwar der Abgrenzung von tradierten Rollen in der damaligen Gesellschaft, ist aber für einen Menschen mit seinen kommunikativen und emotionalen Fähigkeiten kein Zeichen von Reife. Erstaunlich, dass diese Wahrnehmung so gar keine Beachtung gefunden hat. Dabei machen ihn doch auch seine Schattenseiten zu einem Menschensohn, der sich Respekt durch Offenheit erwirbt.

Wenn Jesus als Menschensohn am Kreuz gestorben ist, mit einem irdischen Vater, müssen wir selbst für uns sorgen. Das Prinzip Erlösung, das dieses Kreuz symbolisieren soll, ist damit zerstört. Kein anderer nimmt diese Schuld auf sich, wir sind selbst verantwortlich. Was bleibt dann noch übrig vom Kreuz?

Das Kreuz ist das stärkste Symbol der christlichen Religion, für mich das umstrittenste. Zum einen, weil es schwer fällt, darin nicht das Folter- und Mordinstrument der Kreuzigungsszene zu sehen. Zum anderen, weil in den folgenden Jahrhunderten im Namen des Kreuzes millionenfach grauenhafte Dinge geschehen sind: die menschenverachtende Christianisierung der Dritten Welt, verlauste, ungebildete Kreuzritter auf ihren mörderischen Reisen gegen Andersgläubige, 550 Jahre Inquisition, in denen die grauenvollen, brennenden Scheiterhaufen oft die Erlösung unsagbarer Qualen waren.

Auch das Verhalten der offiziellen Kirchen im Dritten Reich zähle ich zu den Gräueltaten hinzu. Und alles im Namen des Kreuzes. Die christliche Religion ist nicht die einzige, die sich im Unrecht hervortut, aber hier habe ich meine Wurzeln, hier ist unsere Gesellschaft verankert, das macht kritischer.

Ich bin sicher, dass auch mir in einem meiner Leben jemand das Kreuz mit den Worten ... *bekenne, bekenne*... vor die Augen gehalten hat, oder ich habe es bei einem anderen Menschen getan. Das ist vorbei, ich lebe heute, habe kaum Erinnerungen an dieses andere Leben, es ist mehr eine mögliche Erklärung für meine starke Abneigung gegen das Kreuz.

Wir sagen heute, jemand *nimmt sein Kreuz auf sich* und meinen damit oft sein schweres Schicksal, sein psychisches

Leiden, seine Krankheit oder was auch immer an dunklen und bedrückenden Ereignissen damit gemeint ist. In unserer Gesellschaft ist das Streben nach dem immer währenden Glück angesagt, Erfolg, Fitness, Reichtum, Jugend – und vor allen Dingen Gesundheit – sind die Werte. Die Suche nach dem Eldorado geht weiter. In dieser Scheinwelt erfinden wir neue Worte für Verlustprognosen und nennen sie Gewinnwarnung und negatives Wachstum. Von allem Guten soll es mehr, und immer mehr geben. Die Spirale des Glücks soll sich stetig weiter nach oben bewegen. Dabei übersehen wir zum einen, dass dies gar nicht möglich ist, es kann kein permanentes Wachstum geben, und zum anderen, dass eine Krise, in der alles zerbricht, die große Chance im Leben sein kann.

Sein Kreuz auf sich zu nehmen, heißt aber eigentlich nur, sein Leben zu nehmen, wie es nun einmal ist, mit allen Facetten: mal gut, mal schlecht, mal dunkel, mal hell, mal fröhlich, mal traurig. Hier geht es darum, das zu akzeptieren, was ist, sich nicht in aussichtslosen Kämpfen aufzuzehren, nicht hart und verbittert zu werden. Auf der anderen Seite das Schöne im Leben zu genießen, Freude zu haben. Nichts hat Bestand, alles verändert sich. Es gibt keine Garantie für irgendetwas im Leben. Das kann ihm Leichtigkeit und Zufriedenheit geben. Davor steht die Angst, zu verlieren, die Angst, in den Abgrund zu stürzen – und diese ist real. Eine Krise kann eine Chance sein – aber es gibt auch andere Beispiele.

Das Kreuz ist das Symbol für das Leid und gleichzeitig das Symbol für das Ende des Leides, das hat uns dieser Jesus von Nazareth gezeigt. Es sah nur für drei Tage so aus, als sei alles zu Ende. Es geht weiter, dafür sorgt der Vater. *Stirb und werde* – immer wieder.

Maria
und der Klerus

Auch für Maria bedeutet das Kreuz nicht das Ende. Das Letzte, was wir über sie in der Bibel erfahren, ist, dass sie nach der Auferstehung und Himmelfahrt ihres Sohnes in seiner Gemeinde mit seinen Jüngern zusammenlebt. Über ihren Tod erfahren wir nichts mehr. Fast zweitausend Jahre später gibt es eine offizielle Verlautbarung darüber. Im Jahre 1950 erklärt die katholische Kirche, Maria sei mit ihrem Leib in den Himmel aufgenommen worden – genau wie ihr Sohn. Damit kommt ihr die herausragende Bedeutung zu, auf dem Thron Gottes gemeinsam mit diesem, Jesus und dem Heiligen Geist zu sitzen. Weder die evangelische noch die Ostkirche schließen sich diesem Dogma an. Mehr noch, gerade dieses Dogma unterbindet zunächst die Annäherung der Kirchen, die bis dahin in einem vorsichtigen Prozess der kleinen Schritte stattgefunden hat. Ein weiteres Indiz dafür, wie zwiespältig diese Maria ist, wie sich die Geister an ihr scheiden.

Ihre Jungfernschaft ist ein Dogma, ebenso ihre Gottesmutterschaft, die von allen drei Kirchen getragen wird, der evangelischen, katholischen und östlich orthodoxen. Darauf konnte man sich noch vor der Kirchenspaltung einigen. Während die evangelische und orthodoxe Kirche Dogmen relativ ähnlich betrachten, nämlich als christliche Grundwahrheiten, die von allen gleich gelehrt werden müssen, besteht in der katholischen Kirche, neben der Lehrverpflichtung, die Pflicht für einen Katholiken, dies auch zu glauben, also die Glaubensverpflichtung.

Es ist fast unmöglich, die Quelle von der Interpretation zu trennen. Die Beschäftigung mit der Bibel allein führt nicht zu Maria. Es gibt nur sehr wenige Stellen über sie, und schnell vermischt sich alles mit der Interpretation über sie. Mit meiner Konfusion über das, was und wer sie ist, bin ich in guter Gesellschaft mit vielen anderen, seit Anbeginn der christlichen Lehre. Ganze Generationen von Bibelgelehrten haben sich zweitausend Jahre lang ebenfalls den Kopf über sie zerbrochen. Über die Jahrhunderte ist ihr Bild gewachsen, aus der Schrift, aus Interpretationen, Vermutungen, Fiktionen und frommen Wünschen.

Über die Jahrtausende hinweg erfolgte der wirklich interessante Prozess einer äußerst kreativen Bibelinterpretation. Mit solchen gedanklichen Klimmzügen hätte ich in meinen Deutscharbeiten nicht bestehen können.

Indem man sich vom geschriebenen Wort löste, konnte Maria zur Symbolgestalt stilisiert werden: Reinheit, Tugend, Fürsorge, Mitgefühl. Eigenschaften, die man mit dem allmächtigen, strafenden, gerechten Gott nicht in Verbindung bringen konnte. Maria wird durch die historische Beschäftigung zu einer Frauengestalt, deren faszinierende Entwicklung über die Jahrhunderte erfolgt. Der jeweilige Zeitgeist ist immer auch in ihre Symbolhaftigkeit eingeflossen, über die Jahrhunderte hinweg, und bewirkt neue Blickwinkel, so auch heute.

Während die Dogmen über die Gottesmutter- und Jungfrauenschaft von der Frühkirche aufgestellt wurden, driften die Kirchen auseinander, wenn es um die unbefleckte Empfängnis und die Himmelfahrt der Maria geht. Man kann sagen, der Heilige Geist hat uns diese Wahrheiten vermittelt, die nicht in der Bibel stehen, wie im Katholizismus, dann glaubt oder muss man glauben, was ein Widerspruch in sich ist – oder hat die Freiheit des Nichtglaubens.

Auf jeden Fall gibt es keine Aussage zur unbefleckten Empfängnis. Keine Aussage darüber, dass Jesus ihr nach seinem Tod noch einmal erschienen ist. Auch nichts darüber, dass sie bei seiner Himmelfahrt zugegen war. Kein Wort über Marias Himmelfahrt, mit Leib und Seele. Kein Wort über ihren Platz auf dem Thron Gottes. Was für eine Karriere über die Jahrtausende hinweg von der Frau zur Himmelskönigin, die mit der Heiligen Dreifaltigkeit auf einem Thron sitzt.

Von Papst Johannes Paul II. ist bekannt, wie sehr er Maria verehrt. 1988 ruft er ein marianisches Jahr aus. Es ist das fortwährende Paradoxon: entweder Maria wird verehrt und reale Frauen werden ausgegrenzt, wie in der katholischen Kirche, oder Frauen dürfen auch Lehren und Maria wird ausgegrenzt, wie in der evangelischen Kirche. Es scheint offiziellen Stellen Angst zu machen, die Weiblichkeit im Himmel und auf Erden zu einen.

Maria und das Volk

Die Suche nach ihr gleicht einer Fahrt im Nebel mit dem Boot. Während die Ruderin sich bemüht, das Land der Erkenntnis zu finden, übersieht sie, dass das Wasser alles enthält, was sie sucht.

Bisher bin ich im Nebel auf christliche Ursprünge gestoßen, auf die drei Hauptpfeiler des Marienkultes. Die Ur-Schrift, die, wie sich gezeigt hat, ein beachtlich magerer Pfeiler für ein beträchtliches Gedankengebäude ist. Zum anderen die Interpretationen, entstanden aus einer patriarchalisch geprägten Lehre, in der alles, was sich um Zeugung und Geburt drehte, schmutzig und sündig war – speziell wenn es die Frau betraf. Wo gleichzeitig die Beschäftigung mit diesem Thema, an der Gestalt der Maria, oft die einzige Möglichkeit war, sich ohne Sanktionen ausgiebig mit dem ewig lockenden Thema *Frau* zu beschäftigen.

Der dritte Pfeiler und entscheidende Faktor ist die Volksmeinung und Volksgläubigkeit, bei der selbst der Klerus mit seinen Interpretationen manchmal nur anzupassen schien, was doch jeder schon zu wissen glaubt. Gerade dieser Volkglaube hat die Himmelfahrt Marias vorweggenommen und sie zur Fürsprecherin neben einem mächtigen Gott gesetzt. Wie zu Hause, wenn die Kinder zur Mama gehen, damit sie ein gutes Wort beim

Papa einlegt. Eine merkwürdige Religion, die so etwas braucht. Ein Spiegel der Gesellschaft, der gleichzeitig zur Stabilisierung der Normen und Werte der Gesellschaft beitrug.

Religion ist über viele Jahrhunderte durch das Wort derer, die lesen konnten, und durch die Bilder derer, die diese Worte gehört und interpretiert haben, für die, die nicht lesen konnten, weitergegeben worden. Die christliche Kunst griff der Dogma-Entwicklung vor, stellte Maria so dar, wie man sie gerne hatte: liebreizend, hingebungsvoll, demütig – und mächtig. Gleichzeitig auch als Frau, die durch die verschiedenen Entwicklungsphasen junge Frau – Mutter – reife Frau die Möglichkeit für Identifikation und Verständnis gibt. In Abhängigkeit von der eigenen Entwicklung bietet Maria den Spiegel für die eigene Persönlichkeit, die Projektionsfläche für die eigene Psyche.

Solch eine Frau konnte man anbeten, um Hilfe bitten. Dafür bieten die Darstellungen die notwendigen Bilder. Beten braucht Bilder, Symbole. Die Anbetung Gottes allein im Geist ist ein Ideal, weil Beten, das aus dem Denken heraus geschieht, ohne Bilder nicht auskommt. Wir können nur beten, wie wir auch denken, reden. Da sind nun einmal beide Hirnhälften beteiligt, und eine davon liefert Bilder, Gerüche, Klänge.

Eine andere Form der Vereinigung mit Gott ist die Vereinigung über die Seele, das Eins sein im Herzen mit Gott. Dann versagen die Worte, dann gibt es keine Bitten um etwas, keinen Dank für etwas anderes. Diese Vereinigung braucht keine Bilder, weil sie Gefühl ist.

Man kann die christliche Lehre beim besten Willen nicht mehr als monotheistische Religion betrachten. Es gibt einen Gott, seinen Sohn und den Heiligen Geist auf einem Thron, auch wenn sie alle eins sind, ihre Funktion, ihre Handlungen, die Konzepte über sie sind verschieden. Im Katholizismus sitzt ganz offiziell noch ein weibliches Wesen mit auf diesem Thron. Es scheint, dass der Volksglaube ohne ein göttliches Symbol für Weiblichkeit nicht auskommt und Abbilder braucht für seinen Glauben.

Welche andere Frau hätte die christliche Religion sonst als Symbol der Weiblichkeit wählen können? Die Gefährtin der letzten drei Jahre scheidet aus, dafür war die Zeit zu kurz, die Erwähnung in der Bibel zu nebensächlich, ihr Vorhandensein skandalös.

In allen Religionen, mit Ausnahme der so genannten monotheistischen jüdisch-christlichen Religion, gab und gibt es heute auch weibliche Gottheiten. Die christliche Religion etablierte sich also in einem Kulturraum, in dem weibliche und männliche Gottheiten ihren Platz hatten. Bei den Ägyptern wird Isis von Osiris schwanger und bringt Horus zur Welt. Ascherah heißt die semitische Mutter-Göttin, die die Götter zur Welt bringt. Zeus trägt Metis, seine erste Frau, in sich – hört auch auf sie – und lebt mit Hera, seiner zweiten Frau, zusammen.

Gerade vor dem Hintergrund der bestehenden weiblichen Gottheiten zur Zeit des Alten Testamentes, deren Spuren wir erst heute wieder aufnehmen, lesen sich die Zehn Gebote, neben der moralisch-ethischen Forderung, wie das Einschwören einer Kampftruppe gegen den Feind:

Es gibt nur einen Gott, und das ist der HERR, andere Götter abzubilden und anzubeten ist strengstens verboten. Die Bestrafung derer, die Gott hassen, hört nicht mit ihrem Tode auf, sondern setzt sich bis zu ihren Enkelkindern fort. Stehlen und Lügen sind nicht ganz so schlimm, sie folgen erst auf Platz acht und neun (Mos. 2.20).

Die Bibel führt mehrere Kämpfe mit heidnischen Gottheiten an, die schlechthin als das Böse dargestellt werden: Götzen, Baal, heilige Haine. Ihre Abbildungen und Schriften verschwanden, die Orte gerieten in Vergessenheit. Die Geschichte wird immer von den Siegern geschrieben - und diese erledigten den Machtwechsel gründlich.

Das entscheidend Neue und Besondere der jüdischen, später christlichen und islamischen Lehre, der Glaube an einen Gott, schaffte gleichzeitig klare Machtstrukturen. Bisher gab es mehrere Gottheiten, die man um Unterstützung bitten konnte. Hatte man es sich mit einer verdorben, konnte man immer noch eine andere um Hilfe bitten. Nun gab es lange Zeit nur einen Gott. Dadurch entstand eine große Abhängigkeit von seinem Willen, seiner Barmherzigkeit. Das öffnete gleichzeitig auch die Türen für diejenigen, die glaubten, sein Wort besser zu verstehen als andere, und die ihre Regeln aufstellten für das, was gut und richtig sein sollte. Die gleichzeitig ihren Wissens- und Bildungsvorsprung nutzen, um die Mehrheit zu lenken.

Nur mit Maria hat das nicht so geklappt. Sie war einfach stärker, weil weicher und fließender. Sie brauchte keine Machtkämpfe zu führen, war einfach nur da – und das Volk ließ sie nicht los.

Nur befindet sich der Volksglaube bereits auf neuen Wegen, ist der Amtskirche gerade in Bezug auf Maria mal wieder ein Stück voraus. Männer und Frauen sind daran beteiligt, quasi als Religions-Archäologen. Sie suchen nach Spuren der Göttinnen, nach dem Wirken von Frauen, nach dem Leben Marias. Sie befreien aus dem Dunkel des Vergessens, interpretieren mit unserem heutigen Wissen um gesellschaftliche Zusammenhänge bekannte Schriften neu.

Dem Weiblichen in Gott einen Platz zu geben, hat nichts mehr mit Feminismus und weiblichen Ansprüchen zu tun. Es geht darum, den Menschen ganz werden zu lassen, Raum zu geben für männliche *und* weibliche Anteile. Gott hat beides in sich vereinigt – und beides ist gut, weil es göttlich ist. Der Mensch ist ein Abbild Gottes – und beide Anteile, männliche und weibliche, sind gut, weil daraus ein vollkommenes Ganzes wird, weil ein Teil ohne den anderen nicht sein kann, weil beides göttlich ist.

Maria und der Glaube

Maria ist da, ist präsent im Himmel und auf Erden, seit Beginn der Lehre. Sie ist die Fürsprecherin, Mittlerin, Verkünderin, die Mutter, die ihren Kindern beim gestrengen Vater hilft und die Kinder zum Vater und Sohn führt. Sie legt ein gutes Wort für die Menschen ein und sie spricht für ihren Sohn. Letzteres ist das wirklich Erstaunliche. Wenn man sich das Wirken Jesu auf Erden ansieht, sollte man nicht meinen, dass er einer Mittlerin bedarf. Gerade Jesus war es, der den gesellschaftlich verpönten Kontakt zu Frauen suchte, der in das Herz der Menschen gesehen hat und den Glauben auch ohne Worte erkannt hat. Es muss eine andere Macht sein, die das Erscheinen Marias bewirkt.

In jedem Jahrhundert hat es Marienerscheinungen gegeben. Die erste Nennung geschieht im Jahr 41 n. Ch. Maria soll von ihrem Sohn zu Jakobus geschickt worden sein, dessen Gebeine heute in Santiago de Compostela liegen. Jesus soll Maria den Auftrag gegeben haben, Jakobus in Spanien zum Bau eines Gotteshaus aufzufordern. Jesus möchte, dass seine Mutter hier angerufen und verehrt werden kann. Maria erledigt den Auftrag. Glaubt man der Quelle, so beginnen Maria und Jesus ihr Wirken fast zeitgleich. Von Jesus haben wir seit der Auferstehung nichts mehr gehört, Maria lebt zu diesem Zeitpunkt noch in Palästina.

Jetzt ist es der Sohn, der die Mutter anschiebt. Maria, die Frau ohne Machtansprüche, wäre wahrscheinlich auch weiterhin im Verborgenen geblieben. Aber das Göttliche hat mehr mit ihr vor.

Seitdem sind in jedem Jahrhundert Marienerscheinungen dokumentiert, auf allen Kontinenten, und die Zahl steigt. Waren es im 18. Jahrhundert 31 Erscheinungen und Phänomene, so sind es im 19. Jahrhundert 106 und im 20. Jahrhundert sogar 427 Berichte, davon 47 allein in Deutschland.

Marias Erscheinungsformen sind vielfältig. Sie erscheint als wunderschöne junge Frau, als Trauernde, mit Rosen vor der Brust oder Dornen unter den Füßen. Sie zeigt sich liebevoll, traurig, schön, verschleiert, allein oder mit Kind. Sie nennt sich Unsere Liebe Frau vom Heiligsten Herzen, Magd der Armen, Schmerzhafte Mutter, Unbefleckte Empfängnis – um nur einige Namen zu nennen. Maria heilt, mahnt, schweigt, prophezeit, ruft zur Umkehr und Buße auf, weint blutige Tränen.

Sie spricht über Sünden und Buße, Hölle und Verdammnis, über Erlösung und Vergebung, fordert unbedingten Gehorsam gegenüber Kirche und Papst. Die Verkündung des Ersten, Zweiten und Dritten Weltkrieges ist ebenso Inhalt wie die Rolle Russlands als die ihr geweihte Nation. Bevorstehende Verwüstungen und schreckliche Krankheiten für die Menschen kündigt sie an. Und immer wieder fordert sie die Hinwendung zu Gott und Jesus.

Sie erscheint oft jungen und zumeist einfachen Menschen, mehr Kindern als Erwachsenen, mehr Männern als Frauen. Es gibt unter ihnen viele Stigmatisierte, mit Wundmalen, wie sie Jesus getragen hat, viele, die ihr Leben lang leiden. Auch Zweifelnde, Mitglieder anderer Religionen, Ungläubige berichten über Erscheinungen. Es gibt kein Muster, dass sich durch alle Berichte zieht, außer: Sie erscheint – und damit gibt es sie.

Manche Orte haben sich nach den Marienerscheinungen zu Wallfahrtsorten entwickelt, in die jedes Jahr viele Millionen von Besuchern kommen, wie zum Beispiel Lourdes, Fatima, Guadalupe, Medjugorje.

Andere sind zumindest als Beleg nicht weniger bedeutend, wenn auch nicht so populär, wie zum Beispiel eine Erscheinung im Jahre 1968 nahe Kairo vor Hunderttausenden Christen und Moslems. Maria schweigt, lächelt, blickt traurig, gütig, Wunderheilungen geschehen, ebenso Bekehrungen. Der koptische Patriarch erkennt die Erscheinungen an, die in mehreren Nächten stattgefunden haben, ebenso der katholische Patriarch und der Leiter der evangelischen Kirche in Kairo. Diese ökumenische Anerkennung ist einmalig, weil sich alle drei Kirchen in Bezug auf diese Marienerscheinung einig sind. Ansonsten kann man schon sagen, dass die Mehrzahl der Erscheinungen Katholiken widerfährt. Diese Tatsache allein, würde den Verdacht der bloßen Projektion von Wunschvorstellungen nahe legen. Aber hunderttausend Wunschvorstellungen gleichzeitig … wie in Kairo?

Die Autoren Hierzenberger und Nedomansky haben die Marienerscheinungen zusammengetragen. Ein Dokument des Staunens – aber auch des Glaubens? Eine fremde Welt jenseits des rationalen Verstandes öffnet sich beim Lesen der Berichte. Mein Glaube endet dort, wo mein Gefühl versagt. Bei diesen Berichten fühle ich nichts Schönes, Hoffnungsvolles, kein Aufflackern des Herzens, keine Freude – allenfalls Verwirrung und Ablehnung.

Dieser Maria bin ich nicht begegnet, will ihr auch nicht näher kommen. Zu viele Drohungen, zu viele Strafen, zu oft spricht sie von Kämpfen und Schlachten der Christenheit gegen das Böse. Zu viele Tränen, zu viel Blut, das sie weint. Zu viele Drohungen. Zu viel Gehorsam gegenüber der Institution wird gefordert, die ihre Macht missbraucht, der die Form wichtiger zu sein scheint als der Inhalt. Zu viele Geheimnisse, die nur dem Papst weitergegeben werden dürfen – zu viel Katholizismus. Die Maria in mir braucht keine Stimme. Sie muss nicht wahrsagen um Sicherheit zu geben, sie weint nicht, leidet nicht. SIE ist da in mir, präsent, stark und liebevoll. Sie gibt, ohne zu fordern, beschützt, ohne zu binden, liebt ohne Bedingung.

Nach dem Lesen dieser Berichte entsteht das Bild, als gäbe es mehr als eine Maria. Sie offenbart sich wohl in der Weise, wie jener, der ihr begegnet, sie annehmen kann, sie sich vermutlich wünscht. Aber das erklärt nicht die Phänomene. Ratlosigkeit und Resignation machen sich breit. Der Faden ist mir entglitten, an dessen Ende ich SIE vermutet hatte.

Ich versuche genau das, was Generationen vor mir gemacht haben, immer noch tun, von dem auch die Marienerscheinungen Zeugnis geben: Ich will meinen Glauben beweisen. Statt zu sagen: I*ch glaube an SIE, ich fühle SIE in mir, ich sehe IHR Wirken in meinem Leben*. Will ich eine äußere Erscheinungsform verstehen, beweisen. Der Verstand fordert Nahrung. Dabei ist Glauben eine Sache des Herzens, des Fühlens und des Vertrauens.

Auch in den nächsten Monaten gelingt es nicht, den Faden wieder aufzugreifen. In bin in eine Sackgasse geraten, finde keine Ausgang und habe nur das Gefühl, dass es weitergehen wird. Nun steht erst einmal die materielle Existenz im Vordergrund. Das „Sabbatical" ist beendet. Geld verdienen, Reserven auffüllen ist angesagt. Spiritualität ist eine Sache, Geld verdienen eine andere. Es ist gut, das eine nicht mit dem anderen zu verwechseln, erfahre ich. So wichtig die neu gewonnene Gelassenheit auch ist, sie schlägt leicht in Trägheit um. Nach der langen Pause, in der ich nicht gearbeitet habe, kein Wunder.

Wieder kommen Phasen des Zweifelns, in denen alles illusionär wirkt. Es gibt keinen Gott, wenn ich das Elend in der Welt sehe. Es ist nur der Wunsch bei allen Menschen, allen Religionen, nicht allein zu sein auf dieser verrückten Welt. Einen Halt zu finden, wo es doch keinen Fixpunkt gibt. Einen Sinn zu geben, wo doch alles zufällig und in Bewegung ist.

Dann lege ich die Bücher beiseite, gehe in die Natur. Und wenn in mir Stille ist, ist SIE da. Ich fühle SIE in mir, sehe ihr Wirken um mich herum. Es ist kein Mangel mehr, SIE ist bei mir.

Eine Begegnung

An den Abenden sitze ich draußen, lasse den Tag ausklingen und meditiere manchmal. Die Erfahrung des Jakobsweges, dass Meditation in allen Lebenslagen möglich ist, auch im Gehen, habe ich in meinen Alltag übernommen. Meditation heißt ja eigentlich nichts anderes, als bei dem zu sein, was gerade ist. Dabei kommt der plappernde Verstand zur Ruhe, wenn auch nur für kurze Zeit.

Dem Ideal, wenn es denn eins ist, Gott allein im Geist nahe zu kommen, entspricht vielleicht am ehesten die Erfahrung der Meditation. Wer schon einmal gedanklich alles losgelassen hat, was jemals war oder sein wird, bei dem bleibt, was ist, jetzt und hier, wer dem eigenen Atem oder dem Klang der Stille lauscht, auch das loslässt und in die innere Leere wandert, dem Nichts, kennt dieses Glück.

In der Stille, im Nichts gibt es keine Angst, keine Sorgen, keine Pläne. Das Nichts ist leer und voll zugleich. Es beinhaltet alles, was jemals war und sein wird, ohne dass der Verstand dabei ist. Das Auftauchen aus einer tiefen Meditation ist bei mir jetzt zunehmend verbunden mit einem großen Glücksgefühl und mit dem Gefühl von Liebe, für alles um mich herum.

Wenn Gott Liebe ist, dann ist Liebe auch Gott. Dann geschieht in diesen Momenten meine Verbindung mit Gott außerhalb des Denkens, Planens, Zweifelns, Suchens, Hoffens.

An einem solchen Abend bekomme ich Besuch. Beim Auftauchen aus der Stille sehe ich eine Gestalt nicht weit von mir: sehr groß, ein Mann offensichtlich, mit breiten, hängenden Schultern, die Kleidung merkwürdig unklar, fast wie ein langes Hemd aus grobem, grau-braunem Leinen mit sehr langen Ärmeln. Als ich sein Gesicht sehen will, verschwindet die Gestalt und mein Herz klopft bis zum Hals.

Ein Wesen aus der Zwischenwelt, sagt mein Gefühl. Eines dieser Wesen, die ihren Körper verlassen, sich aber von der Welt noch nicht verabschiedet haben, das ich sehen konnte, weil ich noch ganz bei mir war, ganz im Hier und Jetzt, noch in der Stille. Es war der Wind im Efeu, sagt mein Kopf, du hast geträumt, so was gibt es gar nicht, und überhaupt, woher hast du den Namen Zwischenwesen? Damit ist dann auch die Chance vertan, nochmal Kontakt aufzunehmen. Ich bin raus aus diesem feinfühligen, empfänglichen Zustand.

Gefühl und Verstand können sich nicht einigen über das, was die Augen gesehen haben. Der eine sagt „ja", der andere „du spinnst". Und so beschäftige ich mich mit der äußeren Form, ob sie da war oder nicht, statt mir über den Inhalt Gedanken zu machen. Entweder der Mann war da, oder mein Inneres hat ein Bild produziert – das ist eigentlich gleichgültig. Ich habe etwas wahrgenommen, eine Form, was und wie auch immer. Der Inhalt ist doch, warum ich das Bild gesehen habe oder sehen wollte, wer es war, warum er gerade zu mir kam oder warum ich ihn geholt habe.

Tage später kommt die Nachricht per E-Mail: Peter ist vor zwei Wochen gestorben. Ganz plötzlich und unerwartet, bei einer Fahrradtour im Wallis. Er hatte Recht in El Acebo, es war unser Abendmahl. Es war das letzte Mal, dass wir fünf zusammen waren. Es wird nie wieder sein. Einer von uns ist gegangen. Peter und ich haben in diesem Jahr immer mal wieder telefonisch Kontakt gehabt und uns von unseren Plänen erzählt. Wir haben uns sehr gemocht, jeder auf seine Art.

Peter war sehr groß und hatte breite, hängende Schultern. Da ist die Verbindung, und die Gestalt am Abend bekommt ihr Gesicht. Peter war bei mir. Ob es wohl ein weiter Weg war für ihn von der Schweiz zu mir?

Auf irgendeine Weise war es real, was ich wahrgenommen habe, während ich die Stille verlassen habe. Entweder das Bild kam wirklich von außen, weil er mich noch einmal sehen, sich verabschieden wollte. Oder ich habe das Bild gerufen, weil ich es wollte, ohne es zu wissen. Letztere Alternative ist auf jeden Fall die verwirrendere für mich.

Es scheint eine Welt außerhalb unserer Gewissheit zu geben. Wir sehen meist nur, was wir glauben, und glauben, was wir eh schon wissen. Und wenn dann etwas ganz Erstaunliches passiert, etwas, das nicht sein kann, ist zunächst kein Vertrauen zu den eigenen Empfindungen da. Kein Sprechen darüber, kein Austausch mit anderen erfolgt, weil es einfach zu verrückt ist, verunsichert, nicht sein kann.

Stirb und werde

Erstaunliche Begebenheiten, die uns das Leben manchmal vor die Füße wirft, wie einen bunten Ball, haben etwas mit innerer Offenheit und Bereitschaft zu tun, die das finden oder aufnehmen kann, was gerade ansteht, für die eigene Entwicklung wichtig ist. Innere Offenheit ist eine Sache des Herzens, äußere Offenheit eine Sache des Verstandes, der mitteilt oder aufnimmt. Offenheit ist in jedem Fall ein Abenteuer, man weiß nie, wie es weitergeht. Das ist sozusagen die psychologische Erklärungsvariante für Zufälle und Überraschungen, die den Kopflastigen und Zweiflern, wie ich es bin, zumeist einleuchten.

Jenseits davon gibt es etwas anderes, etwas, das es gut mit uns meint, das still und unaufdringlich da ist, jenseits unseres Willens und Wollens, auch jenseits der eigenen Offenheit und Bereitschaft. Wir können uns noch so sehr anstrengen, nachdenken, vorausdenken, Lehrer suchen, die uns helfen sollen, zu spiritueller Einsicht zu gelangen, und nichts passiert.

Es gibt Phasen im Leben, da säen wir, bestellen den Acker unseres Lebens, warten und warten, dass die Saat aufgehen möge – und nichts geschieht. Wir säen weiter, mehr, länger, öfter. Zeigen Bemühen und Bereitschaft, säen weiter – oder geben auf. Und es gibt eine Zeit der Ernte. Manchmal unvermittelt, überraschend. Wir nennen es Zufall und Glück. Es gibt etwas, das für einen Augenblick hervorblitzt und sich mit uns vereinigt. Bei allem Streben, allen Bemühungen, es gibt etwas außerhalb unseres Wollens, das sich dann mit unserem Wollen vereinigt und die Weichen stellt, die Saat aufgehen lässt, Ernte bringt. Dieses ETWAS ist göttlich. Es liegt an uns, ob wir DEM Raum geben wollen, ob wir ES erreichen, liegt nicht in unserer Macht. Aber es scheint so, als würde ES darauf warten, dass wir unsere Türen öffnen.

Dieser Zugang geschieht über das eigene Erleben. Berichte anderer können eine Hilfe dabei sein, aber sie machen nicht satt, geben dem Kopf Nahrung, erreichen wohl auch das Herz, aber sie geben kein Gefühl, keinen Geschmack von dem, was sein kann, bis wir selbst erleben, wie es ist.

Wie lange war ich gefangen von meinen Zweifeln über die Marienerscheinungen, die Mitteilungen der Seher in einer Sprache, mit einem Inhalt, der mich auf Distanz hat gehen lassen. Jetzt bekomme ich das fehlende Puzzlesteinchen auf meinem Weg zu Maria durch Peter oder die Macht, die mir erlaubt hat, Peter noch einmal zu sehen. Wenn es mir möglich ist, einen Menschen zu sehen, der gestorben ist, dann wird es anderen auch so gehen. Diejenigen, die glaubten, Maria gesehen zu haben, zu denen sie sprach, die ihre Botschaft empfingen, haben die Wahrheit gesprochen, es sei denn, sie sind widerlegt worden und als Lügner entlarvt. Auch das ist ja geschehen.

So, wie ich das Gefühl in der Meseta beim Anblick des Sternenhimmels hatte: SIE ist bei mir, beschützt mich, war immer schon bei mir, so real waren ihre leibliche Erscheinung und Sprache für andere. Die Aussagen, die Sprache der dokumentierten Erscheinungen sind Ausdruck des Glaubens, der sie gehört hat. Glaubt jemand an Satan, Hölle und Verdammnis, so wird auch der Inhalt dementsprechend sein. Glaubt jemand an Sünde, Buße, Sühneopfer, so wird er auch davon berichten. Wenn jemand den Sohn höher stellt als die Mutter, so wird auch das Inhalt sein.

Seit zweitausend Jahren heißt SIE Maria, und Maria legt Zeugnis ab von IHR, ist gleichzeitig real und Symbol. Sie verkörpert wie nichts anderes das weibliche Prinzip des Göttlichen. Gleichgültig, ob wir daran glauben, was in der Bibel steht oder nicht. Diese weibliche Kraft ist präsent. Es sieht nur auf den ersten Blick so aus, als sei sie passiv, weil fügsam und aufopfernd. Gerade darin aber liegt ihre unglaubliche Stärke. Sie muss nicht kämpfen um einen ihr angemessenen Platz. SIE ist da, das reicht.

Bis zu einem gewissen Punkt, kann uns nur erreichen, was schon da ist, was auch in dem System möglich ist, in dem wir leben. Selbst philosophische Genies begannen ihren Weg an einem Punkt, an dem sie noch in Korrespondenz zu ihrem Umfeld standen, bis sie begannen, ihren eigenständigen, unabhängigen Weg zu gehen.

Wenn aber das religiöse oder gesellschaftliche System selbst in den Termini spricht und denkt, den die Erscheinung gebraucht hat, gibt es keine Notwendigkeit zur Änderung. Dann sind die Erscheinungen ein Beleg für das System, gleichzeitig stabilisieren die Erscheinungen das System.

Mit anderen Worten, jeder bekommt die Maria, die er braucht, jeder bekommt den Zugang zu dem Gott, der in seinem Herzen ist. Ich brauchte emotionale Sicherheit, Verständnis, Vertrauen und Liebe – und so kam ES. Ich glaubte zwar an eine irgendwie geartete göttliche Existenz, fühlte mich aber dort nicht angenommen und vor allen Dingen nicht verstanden von diesem Michelangelo-Gott. Meine speziell weibliche Lebensgeschichte, die so alt ist wie die Welt und für mich ein paar Jahre gedauert hat, konnte Gott-Vater nicht als Unterstützung annehmen, und bei der Vorstellung, Gott sei Energie, geschlechtslos mit männlichen und weiblichen Anteilen, versagte meine

Vorstellungskraft, fand mein Glauben keinen Platz zum Ankern. Ich brauchte etwas Reales, ein Bild zum Sehen, damit ich fühlen konnte.

Also machte ich mich auf den Weg, der Camino heißt, und da es für die Zukunft keine Pläne, Hoffnungen, Wünsche und Träume gab, ich die Vergangenheit loslassen konnte, war Raum für Begegnung. Mit mir – und IHR.

Ich war auf der Suche nach mir – und SIE fand mich. Ich war auf dem Weg – und SIE stellte die Weichen an den Kreuzungen. Ich sah am Anfang nur die Frau, mit dem Kind, in ihrer Trauer – und SIE schenkte mir Tränen und Verstehen. Ich erkannte die Kraft in mir – und SIE schenkte mir IHRE Liebe. Ich wollte loslassen – und SIE zeigte mir den Weg des Verzeihens und der Liebe. Ich beschloss, das Erlebte aufzuschreiben – und SIE gab mir die Zeit für meine innere Reise, indem sich mit Glück meine Finanzen für eine Zeit positiv entwickelten. Ich kann wieder von Herzen lachen – und SIE tanzt dann in meinem Herzen.

Jenseits allen Schmerzes ist Freude. Jenseits aller Trauer ist Liebe. Schmerz und Trauer vergehen, Freude und Liebe sind immer da, jederzeit, an jedem Ort. Sie brauchen keine Bedingungen, brauchen weder die Anwesenheit noch die Abwesenheit von irgendetwas oder irgendjemand. Dies ist so gewiss wie der nächste Schmerz, die nächste Trauer, die folgen werden, immer wieder neu, aber immer auch anders als beim letzten Mal. Es geht darum, sich immer wieder einzulassen, ohne halten zu wollen und loszulassen, ohne zu verlieren – immer wieder *stirb und werde*.

Anhang

(Arnold-Peter Ritler und Karin Gerland)

Buen Camino: Einen guten Weg. Pilgergruß.

Camino: Spanisch: der Weg, hier der Pilgerweg.

Compostela: Offizielle Bestätigung für das Erreichen von Santiago de Compostela. Die traditionelle Urkunde für die Pilgerreise wird nach Vorlegen des Pilgerpasses im Pilgerbüro der Kathedrale abgegeben. Voraussetzung ist eine Mindestleistung von 100 Kilometer zu Fuß oder 200 Kilometer mit dem Rad oder zu Pferd.

Credencial del Peregrino: Pilgerpass, Pilgerausweis oder Pilgerbuch, in dem die Präsenz mit Stempel, Datum und Unterschrift durch das Refugio, Pfarramt oder Kloster bestätigt wird. Die Tagesetappen werden damit via Ausweis bezeugt. Das ist für die Kontrolle bzw. den Erhalt der Pilgerurkunde in Santiago wichtig. Den Pilgerausweis besorgt man sich bei einer Jakobsgesellschaft in Deutschland, im ersten Refugio oder im Pilgerbüro in Pamplona.

Finisterre: Mittelalterlich, Finis Terrae, Ende der Welt. Westlich von Santiago gelegenes Cap am Atlantik. Hier soll Jakobus einst gepredigt haben, hierhin sollen seine Gebeine zunächst überführt worden sein.

Gelbe Pfeile: Gebräuchlichste Markierung des Jakobsweges. Auf Steinen, Bäumen, Hauswänden, auf dem Boden.

Hospitalero: Betreuer eines Refugios, oft ehrenamtlich.

Jakobsmuschel: Pilgermuschel, Symbol für die Pilgerschaft. 5-15 cm große, an den europäischen Küsten vorkommende Kammmuschel mit fächerförmigen, kantigen Rippen. Die Muschel wurde früher von den Pilgern, die von Santiago heimkehrten, als Abzeichen am Hut oder dem Gewand getragen. Sie wurde auch zum Wasserschöpfen benutzt.

Jakobsweg: Wer heute vom Jakobsweg spricht, meint meist das Teilstück zwischen den Pyrenäen und Santiago de Compostela, in Galicien. Die übrigen Jakobswege sind eigentlich nur Zubringerwege. Die Zubringer in Europa, *Caminos d'Europa*, mit den vier Hauptrouten durch Frankreich vereinigen sich. Drei der Wege vereinigen sich in Saint-Jean-Pied-de-Port und nach der Überquerung der Pyrenäen mit dem vierten in Puente la Reina. Diese vereinigten Wege von den Pyrenäen bis nach Santiago, durch Nordspanien, werden *Camino Francès* genannt und öfters auch als Königsweg bezeichnet. Die vier Sammelpunkte in Frankreich sind: Tours, Vézelay, Le Puy und Arles.

Neben dem *Caminos d'Europa*, dem *Camino Francès*, mit dem Königsweg über Pamplona, Puente la Reina, Logrono, Burgos, Sahagun, León, Villafranca und vielen anderen Orten mit Jakobuspilgertraditon gibt es noch weitere Jakobuswege nach Santiago:

- *Camino del Norte* ganz im Norden Spaniens an der Küste entlang.
- *Camino Via de la Plata* vom Süden ab Sevilla nach Norden.
- *Camino Portugués* vom Süden Portugals ab Lagos, Faro oder Tavira.

Jakobus der Ältere: Jünger Jesu und Apostel, Sohn des Zebedäus, Bruder des Apostels und Evangelisten Johannes, Märtyrer, Heiliger, Patron aller Pilger. Jakobus soll Spanien missioniert haben und wurde im Jahr 44 in Jerusalem enthauptet. Angeblich erfolgte die wundersame Translation der Gebeine nach Spanien, wo sie um 825 in Santiago de Compostela wieder entdeckt wurden.

Jakobuskult: Über die Entstehung des Jakobuskultes und seines Grabes gibt es verschiedene Versionen. So gibt es auch Aussagen, Jakobus sei in Judäa, Palästina oder Marmacia begraben worden. Anfang des zweiten Jahrtausends begann der Pilgerstrom und wuchs stetig an. Teilweise zum Leidwesen der örtlichen Bevölkerung. Der zum Teil schlechte Ruf der Pilger, die Reformation und der Protestantismus waren das Ende der Wallfahrten. Die Reliquien des Jakobus gerieten beinahe in Vergessenheit bis zur Wiederentdeckung im 19. Jahrhundert. Papst Leo XIII. erklärte die Gebeine für echt, und das Pilgern erlebte einen neuen Aufschwung.

Peregrino / Peregrina: PilgerIn, WallfahrerIn nach heiligen Orten. Seit dem Mittelalter haben die Menschen ihres Glauben oder eines Gelübdes wegen Wallfahrten unternommen, sind gepilgert. Pilgern im Ausland nannte man auch „im Elend weilen".

Pilgermesse: Täglich um 12.00 Uhr findet in der Kathedrale die Pilgermesse statt. Es ist Tradition, dass ein Pilger am Vormittag in Santiago ankommt und mit der Pilgermesse seine Pilgerschaft beschließt.

Pilgermotto: Der Weg ist das Ziel! Nicht Santiago, sondern der *Camino* ist das Ziel. Das Wichtigste am Pilgern ist nicht die Ankunft, sondern das Unterwegssein. Eine andere Definition lautet: Gott ist das Ziel und der steht vor dir.

Refugio: Pilgerherberge. Meist einfach ausgestattete Schlafsäle, Duschen, manchmal mit Küche.

Santiago de Compostela: Im Nordwesten der iberischen Halbinsel in Galicien gelegen. Neben Rom und Jerusalem der wichtigste, christliche Wallfahrtsort.

Literatur

Bolen, Jean Shinoda: Feuerfrau und Löwenmutter. Walter Verlag, Zürich 2002

Bravo Lozano, Millán: Praktischer Pilgerführer, der Jakobsweg. Editorial Everest, Leon 2001

Die Bibel. Bibeltext in der revidierten Fassung von 1984, Deutsche Bibelgesellschaft, Stuttgart 2002

Ende, Michael: Momo. Thienemann Verlag, Stuttgart 1973

Grün, Anselm: Vergiss das Beste nicht. Herder Verlag, Freiburg 2000

Hagen, Steve: Buddhismus kurz und bündig. Goldmann Verlag, München 2000

Hierzenberger, Gottfried Nedomansky, Otto: Erscheinungen und Botschaften der Gottesmutter Maria. Weltbild Verlag, Augsburg 1998

Kasper, Michael: Outdoor Handbuch Spanien: Jakobsweg, Band 23. Conrad Stein Verlag, Struckum 2001

Kopp, Sheldon B.: Triffst du Buddha unterwegs... Fischer Verlag, Augsburg 2000

Kuby, Gabriele: Mein Weg zu Maria. Goldmann Verlag, München 2001

Osho: Liebe, Freiheit, Alleinsein. Goldmann Verlag, München 2002

Pelikan, Jaroskav: Maria. Herder Verlag, Freiburg 1999

Radford Ruether, R.: Maria – Kirche in weiblicher Gestalt. Kaiser Verlag, München 1980

Richards, Sue & Larry: Alle Frauen der Bibel. Brunnen Verlag, Gießen 2002

Rohrbach, Carmen: Jakobsweg. Goldmann Verlag, München 1995

Troll, Pyar: Reise ins Nichts. Verlag Kamphausen, Bielefeld 2001

Warner, Marina: Maria. Trikont-Dianus Verlag, München 1982

DIE BÜCHER VON FERRINI

„Ferrinis Bücher sind ein Muss für alle,
die bereit sind, die Verantwortung
für ihre eigene Heilung zu übernehmen“
John Bradshaw

ISBN 3-89901-458-8

ISBN 3-89901-469-3

ISBN 3-89901-446-4

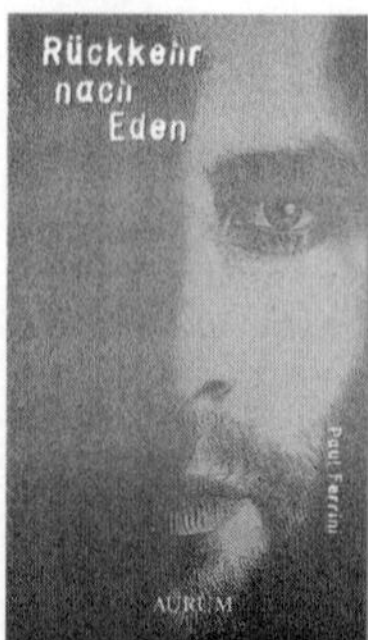

ISBN 3-591-08461-1

ISBN 3-591-08468-9